LES SIRÈNES DU BATEAU-LOUP

JACQUES DUFILHO
avec la collaboration de Philippe Rège

Les Sirènes du bateau-loup

SOUVENIRS

FAYARD

« Tard dans la nuit, bien calfeutrés
dans notre nid, nous entendions parfois,
avant d'entrer dans le sommeil,
les longs appels des sirènes de bateaux en partance,
nostalgiques comme des hululements.
Ils allaient relancer notre rêverie.
Le bateau-loup, nous disait notre père, dormez. »

André DUFILHO,
Les Rives de la Garonne.

Préambule en forme de bref hommage à Alexandre Vialatte

Jacques (très jeune) : – Papa s'est coupé la barbe.
L'oncle Prosper (outré) : – Foutu original, va !

La réputation d'originalité des Dufilho remonte à la plus haute Antiquité. Ma famille étonna le pléistocène. Elle stupéfia le quaternaire récent. Jamais de mémoire de mammouth gersois on ne vit clan plus singulier.

En vérité, les Dufilho se caractérisent par leur diversité. Au fil du temps, ils furent ainsi professeur de lettres chez les Oratoriens au XIVe siècle du côté de Condom, maître d'armes et maître de poste en quatre exemplaires. Il s'en trouva même un, à La Nouvelle-Orléans, pour troubler la quiétude des caïmans du Mississippi et les dompter comme à Médrano. Des dépressions nerveuses s'ensuivirent chez les alligators qui longtemps boudèrent le vieux fleuve.

Je revendique cette ascendance baroque. J'en aime

le mélange de fantaisie et de dignité, d'indépendance d'esprit et de rigueur morale. Puissent les pages qui suivent respecter et honorer sa mémoire.

1

Des ancêtres gascons

L'histoire de ma vie commence comme un conte… d'apothicaires. Je suis issu d'une famille qui compte neuf pharmaciens dans sa généalogie. Le plus célèbre d'entre eux s'appelait Louis Joseph Dufilho, un cousin de mon arrière-grand-père, qui devint, en 1816, le premier pharmacien diplômé de toute l'Amérique du Nord.

En 1823, il ouvrit, en plein cœur du Quartier français de La Nouvelle-Orléans, son officine, la Pharmacie française. On pouvait s'y procurer des sangsues, des poudres vaudoues et les plantes médicinales que Louis faisait pousser dans l'arrière-cour de sa boutique.

Vendue une première fois en 1855 à un autre pharmacien, le docteur Joseph Dupas, la pharmacie eut de nombreux propriétaires avant d'être laissée à l'abandon, puis gravement endommagée par l'ouragan de 1915. En 1948, le maire de l'époque, Robert S. Maestri, prit l'initiative de transformer le bâtiment en pharmacie-musée, et, depuis cette date, le 514 de la rue Chartres est une adresse connue de tous les touristes de passage à La Nouvelle-Orléans.

Mon enfance fut bercée de récits narrant les exploits des Dufilho d'Amérique. Au milieu du XIXe siècle on ne comptait plus les artisans gascons qui quittaient la France pour les États-Unis. Ainsi, après avoir fait un apprentissage de quincaillier à Mirande, Alexandre, mon arrière-grand-père paternel, avait traversé l'océan pour s'établir armurier à La Nouvelle-Orléans. Son affaire prospéra jusqu'au jour où les États du Sud firent sécession. La guerre civile fut une tragédie pour ce Français qui, ne pouvant se résoudre à choisir un camp, prit la décision de jeter son stock d'armes dans le Mississippi. Quelques années plus tard, il vendit son négoce et revint en Gascogne où il s'occupa de la Grande Magistère, une propriété située à six ou sept kilomètres de Mirande, et qui appartenait à ses cousins. Mon bisaïeul n'était peut-être pas très doué en agriculture, mais il s'installa sur le domaine dont il prit grand soin.

Ses deux fils, Auguste – mon grand-père – et Gabriel, l'avaient précédé alors qu'ils étaient respectivement âgés de huit et onze ans. La traversée à bord d'un voilier durait trois mois. De retour en France pour faire leurs études, ils s'étaient retrouvés pensionnaires dans un collège religieux de Gimont, en Gascogne.

Lorsque nous avons connu notre grand-oncle Gabriel, il était déjà retraité. Il avait été mobilisé en 1914 avec le grade de capitaine, arborait une belle moustache d'officier et gardait une attitude de militaire. Il mettait un point d'honneur à se tenir très droit. Plus tard, sa silhouette s'est voûtée, mais, les pouces passés dans la partie du gilet échancrée aux aisselles, il marchait beaucoup, le plus souvent en compagnie d'Abadie, un ancien pharmacien de ses amis. Pris par leur conversation, ils faisaient de nombreux kilomètres à pied sans se soucier de la fatigue.

Mon aïeul Auguste avait appris à danser les claquettes avec les Noirs de La Nouvelle-Orléans et transmis sa science chorégraphique à son fils, mon père, dont le jeu de jambes eût, quelques décennies plus tard, ridiculisé Fred Astaire et menacé la carrière de Gene Kelly.

Mon père ne céda pas aux charmes de Terpsichore pour autant. En 1906, il s'établit pharmacien à Mirande. Quelques années plus tard, après avoir vendu son officine à un certain Monsieur Douste-Blazy, qui n'était autre que le grand-père de l'actuel maire de Toulouse, il devint directeur technique d'une usine de produits pharmaceutiques et chimiques à Bègles, d'où ma naissance dans cette cité girondine le 19 février 1914. J'étais le dernier d'une famille qui comptait déjà deux enfants, Yvonne (née en 1909) et André (né en 1912).

Je passai ma petite enfance dans notre maison qui était située route de Toulouse, à Bègles. Mon frère et ma sœur avaient chacun une chambre. Je me souviens encore de l'emplacement du lit que j'occupais dans celle de mes parents. Plus tard, André et moi partageâmes la même chambre.

De notre maison, je me rappelle surtout l'entrée du grand jardin. Il y avait là une pompe à eau. Un jour, mon frère resta K.O. à la suite d'une chute de sa voiture d'enfant et fut ranimé par l'eau qu'on lui fit couler sur le visage.

Je revois aussi le parc et la vigne qui donnait du raisin. Un pressoir devait compléter le tableau. Dans le jardin voisin poussait une petite fille rousse prénommée Reine.

Le plus ancien souvenir que j'ai de mes parents remonte peut-être à ce jour où, grippé, je m'étais assis près de mon père, aussi malade que moi, devant le foyer de la cheminée de sa chambre au premier étage de notre maison de Bègles.

Ma mère n'était pas loin. Alors que nous étions en train de manger un poulet, mon père me montra un os du volatile qui était creux. Cette découverte ne laissa pas de m'intriguer et m'ouvrit des perspectives insoupçonnées sur les mystères insondables de la nature.

La visite du docteur Gaubert m'arracha à mes réflexions. Le médecin de famille me demanda de me mettre debout et me fit relever ma chemise de nuit afin de m'ausculter le ventre en bon praticien qu'il était. Je trouvai sa demande absolument indécente et éprouvai une honte indicible à montrer mon sexe à l'homme de l'art. Comment osait-il offenser sans vergogne ma pudeur juvénile ?

Un autre de mes souvenirs de petite enfance remonte à 1917. J'avais trois ans et demi. L'arrivée des Américains à Bordeaux fut un énorme événement. Les soldats défilèrent devant chez nous. Quelques fantassins dormirent même dans notre jardin. J'étais en admiration devant ces géants qui portaient des chapeaux à large bord semblables à ceux des scouts. Certains, déguisés en Indiens, étaient coiffés de plumes. Quelle étrange guerre allaient-ils livrer ainsi affublés ? Leurs os étaient-ils creux ? Les réponses à ces questions m'importaient moins que la générosité yankee dispensatrice de chewing-gums et de confitures dont j'ai depuis longtemps oublié le goût.

J'avais conscience de ce qu'était la guerre, car mon père nous l'avait expliqué. Il avait été lui-même mobilisé en 1914 comme pharmacien dans une ambulance et avait été envoyé sur le front de l'Argonne. La production de gaz de combats étant une priorité aux yeux des autorités militaires, mon père fut renvoyé à Bègles où il s'activa dans son usine. Le port du masque à gaz ne le protégeait pas de certaines émanations toxiques qui lui causaient de longues quintes de toux. À la maison, au gré des communiqués de guerre, il suivait le déplacement des lignes du front en plantant des petits drapeaux sur une carte épinglée à un panneau au-dessus de sa table de travail.

Mon père, ce héros à la barbe si drue ! Il arborait en effet une impressionnante barbe de pharmacien qui faisait mon admiration. C'était un personnage étonnant qui nous émerveillait lorsqu'il s'amusait à sauter un fil à pieds joints dans un des couloirs de notre maison de Bègles.

Né en 1883 à Mirande, il avait fait ses études au lycée de Pau et commencé son service militaire dans la capitale béarnaise alors qu'il était encore stagiaire en pharmacie. Très calé en tir, il avait obtenu le cor de chasse en or qui désignait le meilleur fusil du régiment.

Il n'était pas vraiment chasseur. Son chien était une sorte de bouledogue qui ne rappelait en rien le limier infaillible. Tout le monde se moquait de lui. Il lui arrivait pourtant de ramener du gibier.

Ce fut notre père qui nous éveilla, mon frère André et moi, aux beautés de la nature. Il avait toujours aimé la pêche. À Mirande, quand les clients se faisaient rares, il empoignait sa ligne et laissait son officine à un cul de plomb – un stagiaire qui restait en permanence à la pharmacie – ou à ma mère.

Mon frère et moi chérissions les jours où nous allions, avec notre père, pêcher à Tartifume, dans la banlieue de Bègles, un lieu connu des terre-neuvas car on y pratiquait le séchage artisanal de la morue. Nous pêchions des anguilles à la marée montante avec des vers que nous prenions dans le terreau d'un dépôt du jardin. Nous ramassions ces bestioles et les enfilions en chapelets. Il fallait les conserver dans du marc de café afin qu'elles soient fraîches au moment opportun. La marée était précédée par le mascaret, une grosse vague qui bousculait tout sur son passage et venait mourir à Langon.

En ces journées bénies de notre enfance sur les rives de la Garonne, nous nous fondions dans la nature et ne faisions plus qu'un avec le fleuve.

Au cours de ces expéditions, mon père nous apprenait les noms des plantes. Il était très calé en botanique, connaissait les champignons et se passionnait pour les insectes – les lucanes en particulier – dont il avait une collection assez importante. En sa compagnie, les plus belles pages des *Souvenirs entomologiques* de Jean Henri Fabre prenaient vie sous nos yeux émerveillés.

Il allait souvent rendre visite à son ami et ancien condisciple, le pharmacien bordelais Depierris. L'homme avait une barbiche pointue, une tête satanique, des yeux expressifs et était porté sur les jurons. Il avait posé sur son comptoir un écriteau sur lequel on pouvait lire : « Plus je fréquente les hommes, plus j'aime mon chien. » Il était pourtant généreux avec ses semblables et avait de l'affection pour nous. Lorsque nous poussions la porte de son officine, l'apothicaire à la mine gentiment méphistophélique nous saluait d'un affectueux : « Adieu, poulé ! »

Nous accompagnions parfois notre père à son usine. Nous étions fascinés par la fabrique de confiserie. Certaines pièces étaient uniquement réservées à la confection de sucreries. Nous baignions dans des effluves enchanteurs qui biffaient le mot « carie » de notre mémoire. L'odeur de bonbon nous obsédait. L'autorisation de manger une friandise de temps en temps calmait provisoirement notre gourmandise.

Mon père me tendait parfois un récipient et me demandait : « Qu'est-ce que ça sent ? » Une détestable odeur de foie de morue offensait alors mes narines. Elle était heureusement bientôt dissipée par le parfum du tabac que fumait mon père.

J'ai toujours été sensible aux odeurs. Enfant curieux et sans crainte, j'adorais me promener sur les quais avec mon frère et mon grand-oncle Gabriel. Ce dernier nous tenait fermement par la main, André et moi. Nous sachant turbulents, il avait peur qu'on tombe à l'eau ou qu'on s'échappe. La tentation était grande car les quais de Bordeaux offraient alors le féerique et odorant spectacle d'amoncellements de cacahuètes, de produits coloniaux et de bois précieux dont les couleurs évocatrices charmaient l'œil. Si nous n'allions pas trop traîner du côté des chais et des barriques, les cacahuètes, en revanche, nous paraissaient appétissantes.

C'est à peu près à cette époque – je devais avoir huit ans – que la magie et la poésie du théâtre de marionnettes de la famille Guérin embellirent ma vie. Au moment de la foire des Quinconces à Bordeaux, au mois d'octobre, les Guérin donnent leur unique spectacle : *La Tentation de saint Antoine*. En 1922, j'assistai, bouche bée, à une première représentation – qui fut suivie par beaucoup d'autres – de cette triste histoire.

Les démons arrivaient sur scène en chantant : « Nous allons prendre le cochon du bienheureux Antoine / Nous en ferons du saucisson aux dépens de ce moine / Ensemble nous le mangerons / La faridondaine, la faridondon / Nous en ferons part à nos amis / Biribi / À la façon de Barbarie / Allez, le cochon !... »

Puis les méchantes créatures s'emparaient du cochon et saint Antoine se lamentait : « Fuyez, fuyez, maudits ! / Oh ! les maudits / Ah ! les démons ! / Ils m'ont pris mon petit cochon / Adressons-leur une petite prière, ô Seigneur, à seule fin qu'ils me le rendent / Rendez-moi mon cochon, s'il vous plaît / Messieurs, voulez-vous me le rendre ? / Il faisait ma félicité / Il était d'humeur douce et tendre / Rendez-moi mon cochon, s'il vous plaît / Messieurs, voulez-vous me le rendre ? » Et les démons, insensibles à la supplique du moine, revenaient en chantant : « Allons donc, par le fin fond, menons ce vilain moine / Tirons-le par son cordon. »

Au cours d'une tournée, Jean-Louis Barrault, qui nourrissait une passion pour *La Tentation de saint Antoine*, assista à une représentation donnée spécialement en son honneur par les Guérin.

Depuis un siècle, le pauvre saint Antoine se voit ravir périodiquement son cher cochon par les envoyés de l'Enfer. Ma femme et mes petits-enfants assistèrent récemment à une représentation où le verrat, qui était des plus authentiques, fut pris d'un urgent besoin de se soulager. Sans que la honte rosisse davantage son front, il pissa donc au milieu de la scène, faisant ainsi redoubler les cris de joie des gosses.

Peu avant mes dix ans, mes parents déménagèrent et s'installèrent rue Brun, à Bordeaux. Mon père avait alors un laboratoire d'analyses médicales où il travaillait le soir. Il m'apprit à chercher les éléments anormaux (sucre, albumine, acétone), tandis que ma sœur et mon frère se virent attribuer des tâches plus compliquées. J'utilisais du papier de tournesol et observais les réactions qui pouvaient être acide, alcaline ou neutre. Pour l'albumine, je faisais chauffer l'urine dans un tube à essais et ajoutais un produit encore utilisé de nos jours : le réactif de Tanret.

Il fallait ensuite observer. La présence ou l'absence d'un léger précipité trouble à la surface me renseignant quant au manque ou à l'abondance d'albumine dans les urines. Mon père prenait alors le relais pour doser le taux exact.

Me métamorphoser en apprenti laborantin était

comme un jeu pour moi – un jeu un peu fatigant qui entravait la bonne marche de mes études. Le problème se posait aussi à ma sœur et mon frère. Yvonne avait juste le temps de faire ses devoirs avant d'aller assister mon père qui profitait ainsi d'une main-d'œuvre bon marché.

À sa décharge, je dois préciser qu'il travaillait beaucoup. Outre les activités professionnelles déjà mentionnées, il fut assistant en toxicologie à la faculté de médecine de Bordeaux où il anéantit beaucoup de matières organiques. Cette vie professionnelle harassante ne l'empêchait pas de se cultiver et de goûter notamment aux joies de la musique.

Mélomane et musicien, il fit prendre à ses enfants des leçons de piano chez Mademoiselle Chartier, vieille fille de haute extraction, qui habitait une rue mal éclairée, près de la cathédrale Saint-André. Tous les jeudis, nous prenions le tramway pour nous rendre chez notre professeur qui dispensait son savoir dans un appartement confiné. Elle avait un chauffage au gaz ouvert – il n'y avait pas d'échappée – qui répandait ses émanations toxiques dans toutes les pièces. Nous manquions terriblement d'oxygène, et, chaque jeudi, nous nous asphyxions un peu plus. La puissante voix chevaline de Mademoiselle Chartier n'arrangeait rien et l'envie de changer d'atmosphère était forte. Je quittais son cours affligé d'une migraine atroce. À peine arrivé chez moi, je vomissais.

Cela ne me dégoûta pas de la musique, mais je n'ai jamais pu jouer autre chose qu'une valse intitulée *Sur les grands flots bleus*. Ceux sur lesquels j'aurais préféré voguer plutôt que de m'intoxiquer les jeudis après-midi.

Nous avions des séances pendant lesquelles nous préparions le spectacle de fin d'année destiné à remplir nos parents d'une fierté bien… incompréhensible. Car le grand jour venu, malgré l'assistance bienveillante de Mademoiselle Chartier, nos prestations étaient souvent médiocres, et, plus d'une fois, les murs pourtant solides de la salle Franklin du théâtre de Bordeaux menacèrent de s'écrouler sous une avalanche de fausses notes.

D'une nature peu rancunière, mon père nous emmenait à l'Opéra. Étant plus jeune qu'Yvonne et André, j'assistai à moins de représentations qu'eux mais fus tout de même enchanté par *La Tosca* et *La Bohème*.

Joséphine, ma mère, probablement moins passionnée d'art lyrique que mon père, ne nous accompagnait que rarement.

Née en 1881 à Mirande, elle avait un an et demi de plus que son mari. Comment s'étaient-ils rencontrés ? Leurs familles se connaissaient probablement et devaient se côtoyer à l'église.

Ma mère était absolument charmante et possédait un humour à froid dont elle était consciente. D'humeur égale, elle s'entendait parfaitement avec son mari. De toute mon enfance, je ne les ai jamais entendus se disputer. Ils étaient d'accord sur tout.

Du reste, chez mes parents, chacun pouvait s'exprimer comme il voulait. Nous avions la possibilité de jouer et de plaisanter. Mon père avait toujours quelque anecdote à raconter.

Ma mère parlait gascon car ma grand-mère pratiquait cette langue qu'elle aimait, et mon père lisait un recueil d'histoires en gascon qui s'intitulait *L'Almanach de la Gascogne*. Quant à moi, je m'amusais à imiter les anciens et leur accent du terroir. Dès l'enfance, ce don de contrefaire les voix m'était naturel. Encouragé par mon frère, je parlais volontiers « petit vieux ».

Je suis resté très proche d'André, mon frère. Il a toujours été pour moi un sujet d'admiration. Il y avait une sorte de mimétisme entre nous. Je l'imitais en tout. Il était mon modèle et il me donnait l'exemple. Nous étions l'un pour l'autre des confidents. Nous ne nous cachions rien.

Rue Brun, nous avions un grand jardin dans lequel notre père avait fait creuser un bassin peuplé de carpes. L'étang artificiel était sillonné par les bateaux que nous faisions traverser, André et moi. Le trafic maritime était intense. Au fond gisaient de courageux soldats morts pour la fratrie.

Un des jeux préférés d'André consistait à creuser des trous dans lesquels on s'enterrait. Nous posions des planches au-dessus, et mon frère s'amusait à me faire traverser. Peu sensible à la noble vocation de constructeur de ponts qui semblait poindre chez son fils aîné, notre mère s'empressait de boucher les trous.

Physiquement très doué, mon frère obtenait régulièrement le premier prix de gymnastique au lycée, tandis que je déshonorais cette discipline. À la récréation de dix heures, lorsqu'il jouait à la pelote basque dans la cour du lycée, je ne ratais aucun match et jamais on ne vit plus fervent supporter.

Bon en tout, André me traitait d'égal à égal, mais il lui arrivait de critiquer mon accent épouvantable en anglais. Il faut dire qu'il avait l'avantage sur moi de prendre des cours après cinq heures avec un stagiaire britannique.

Lors des séances de natation, mon frère plongeait remarquablement, tandis que je restais sur le bord de la piscine sans oser le moindre plongeon.

Pendant nos vacances à Mirande, nous allions nous baigner dans le bassin sous la digue du moulin du Régis. Un de nos camarades de lycée nous accompagnait. Ce garçon était le frère de l'abbé Larbonne, un curé très connu à Mirande. Lorsque j'avais une dizaine d'années, ce prêtre donnait des cours de natation et enseignait surtout la brasse pendant les vacances scolaires : « Premier mouvement : tout au corps. Deuxième mouvement : les mains jointes et les pieds en dehors. Troisième mouvement : tout en dehors. » Quand on décompose ainsi les mouvements, on est sûr de couler.

Excellent nageur en dépit des conseils de son aîné, le jeune Larbonne n'était cependant pas téméraire et se contentait de faire des allers-retours aux endroits où il avait pied. À sa décharge, il faut préciser que l'endroit avait la réputation d'être dangereux. Au milieu du bassin un trou énorme faisait redouter la crampe traîtresse et menaçait d'avaler le baigneur imprudent. Bien que n'ayant pas pris de cours de natation, j'eus pourtant le toupet de braver le danger et fus le premier de tous les nageurs présents à traverser le fameux bassin. Je m'étais contenté de nager à la surface sans m'inquiéter du gouffre qui me guettait. Tout barboteur que j'étais, mon exploit nautique me valut l'admiration de mes camarades.

Depuis ce jour de gloire, trois quarts de siècle se sont écoulés. Le jeune Larbonne est mort depuis longtemps – il fut tué d'un coup de pistolet par son gendre, et lorsque je prie pour notre bon abbé, je n'oublie pas son frère –, d'autres nageurs intrépides ont traversé le bassin du Régis qui existe toujours tout comme son vieux moulin à blé où furent jadis fabriqués des pains de glace pour l'alimentation. Et mon frère est resté pour moi ce qu'il a toujours été : mon meilleur ami.

Notre sœur Yvonne nous a quittés en 1985. Elle avait suivi l'exemple paternel en ouvrant une pharmacie à Barèges, une ville d'eau et d'os : à l'hôpital militaire toutes les spécialités concernant les fractures étaient représentées et on y soignait aussi les blessés de guerre.

Yvonne était délicate et sensible. Elle avait un don remarquable pour le dessin. Douce et d'une humeur paisible, elle n'élevait jamais la voix.

Bien qu'ayant reçu plusieurs propositions de mariage, elle est restée célibataire. Vers la fin de sa vie, elle se lia d'amitié avec Robert Sempé, un très bon pianiste et un admirable interprète de Chopin, qui vivait à Mirande où il était connu de tous. Il habitait seul dans une grande maison qui était une ancienne banque. Le rez-de-chaussée était grillagé. On montait quelques marches et on pouvait admirer les scènes de batailles peintes par l'oncle de notre hôte.

Yvonne passait quatre mois par an dans sa pharmacie de Barèges. Les huit mois pendant lesquels elle ne travaillait pas, elle les occupait à peindre et à faire de la photo. Pendant les vacances, elle prenait un remplaçant, car elle avait hérité du laboratoire d'analyses de mon père à Bordeaux. En dehors de ses analyses du soir, elle allait en faire d'autres à la pharmacie Rivière qui se trouvait rue Sainte-Catherine, à Bordeaux.

Pendant notre enfance et notre adolescence, les vacances d'été étaient l'occasion de renouer avec nos racines gasconnes et de retrouver nos grands-mères – je n'ai pas connu mes grands-pères, tous deux décédés avant ma naissance. La famille se réunissait le 15 août pour fêter ma grand-mère maternelle, Marie. Nous faisions de même le 15 mars, jour de ma grand-mère paternelle, Louise. Nous nous régalions de figues et de champignons dans la salle à manger d'une maison de Mirande qui appartient aujourd'hui à un de mes neveux.

Ma grand-mère Dufilho habitait la rue Saint-Roch, près de l'église. Elle avait beaucoup d'humour et racontait des choses étonnantes. À l'âge de six ans, elle avait accompagné son père au marché de Mirande et, tandis que les messieurs s'entretenaient sur la place du village, elle avait vidé tous les fonds de verre. Transportée par un sentiment d'allégresse qui lui était resté inconnu jusqu'alors, elle avait fini la matinée dans un état d'ébriété avancée.

Quelques années plus tard, alors qu'elle était pensionnaire au couvent à Auch, elle reçut un courrier de sa mère. À l'aimable mot maternel mon aïeule répondit que la lettre était très bien, mais qu'elle manquait de ponctuation. Elle termina sa missive en précisant : « Si tu as besoin d'informations à ce sujet, voici une lettre dans laquelle tu trouveras tous les signes de ponctuation : point d'exclamation, point d'interrogation, points de suspension... » Le courrier fut ouvert et lu par les sœurs qui convoquèrent ma grand-mère pour lui dire : « Le jour est encore loin où vous écrirez aussi bien que votre mère et pourrez lui donner des leçons. »

Louise Dufilho avait été probablement une élève dissipée, car elle disait des prières telles que : « Fais-nous vivre dans l'ignorance, mourir dans la concupiscence, et régner pour l'Éternité. » Ce devait être une forme d'humour très prisée des petites filles de l'époque qui s'amusaient à se moquer des sœurs.

Mon père nous a transmis une prière en gascon qu'il avait lui-même appris de sa mère. C'était une caricature de cantique aux paroles fantaisistes : « Abraham, tout ensemble nou qué cagaram, Jacob tout en un cop / Abraham, tous ensemble nous chierons, Jacob, tout d'un coup. »

Ma grand-mère et mon père savaient imiter les gens. Mon aïeule se souvenait notamment d'une visite qu'elle avait reçue et contrefaisait son hôte à la perfection : « Madame Dufilho, j'vous apporte ces prunes parce que les cochons en veulent plus. Y en a tellement que les branches en pètent. »

Il s'agit donc d'un don héréditaire puisque mon frère excellait également dans cet exercice. Je fus le seul à en tirer profit.

Par son humour caustique qui devait transparaître même dans les moments où elle était sérieuse, nous nous sentions beaucoup plus proches de cette grand-mère-là.

Mon autre aïeule était plus triste. D'un tempérament anxieux, elle se faisait du souci pour ses deux fils. Percepteur à Lectoure, Prosper, le cadet, fut infirmier pendant la Grande Guerre. Eugène, l'aîné, avait fait son service militaire dans le même régiment d'infanterie que mon père, à Pau. Devenu militaire de carrière, il passa sous-officier puis officier et fit la guerre de 14-18 comme lieutenant.

Il fut capturé et prisonnier en Allemagne. Il parvint à s'évader et passa en Suisse. Ma grand-mère et ma mère lui rendirent visite à l'hôpital, car il avait été blessé. Le voyage fut une vraie expédition, mais ma mère garda de ce séjour helvétique un souvenir extraordinaire. Les hôtels et les petits déjeuners copieux représentaient pour elle la vie de château.

Née Faveral dans une famille originaire du Massif central, ma grand-mère maternelle était également originaire de Mirande. Son mari, Monsieur Peyrusse, était huissier dans la petite cité gasconne et circulait avec une voiture à cheval comme cela se faisait à l'époque. Le lundi, jour de marché, les paysans de la région rangeaient leurs chevaux dans une des écuries de la maison grand-paternelle. Depuis la salle à manger, on entendait les bruits d'attelage ou de désattelage, et les animaux qui piaffaient et hennissaient sous le plancher.

Je me souviens du break de ma grand-mère Peyrusse qui était logé dans une maison appartenant à son frère, Monsieur Faveral. On trouve encore beaucoup de Faveral exerçant la profession de vendeur de parapluies. Un de mes cousins, nommé Delbos, appartenait à cette estimable corporation et avait une boutique près de la place de Mirande où il vendait des parapluies de ville, mais mon inclination naturelle me portait plutôt à préférer et à acheter les parapluies de campagne fort prisés des bergers de l'époque.

Mes grands-mères sont mortes peu avant la guerre. Lorsque je retourne dans la maison de ma grand-mère Dufilho, à Mirande, ma sensibilité à l'âme des lieux m'incline à penser que les personnes qui ont aimé, pleuré, prié et chanté dans ces murs continuent de vivre par la présence même de ceux qui aujourd'hui respirent le même air qu'elles.

Mon père est décédé en 1938. Cet été-là, les figues de Mirande eurent un goût amer.

2

Le hussard anarchiste

Sans vouloir le moins du monde sacrifier au culte – très en vogue aujourd'hui dans certains milieux artistiques – de l'acteur ancien cancre, je dois reconnaître que ma carrière scolaire fut des plus chaotiques.

J'appris à lire à Bègles dans une école située à quelques centaines de mètres de chez nous et sur le même trottoir. Mon institutrice s'appelait Madame Mortéra. Elle était également la directrice de l'établissement qui ne comptait qu'une seule salle de classe où coexistaient petits, moyens et grands.

Madame Mortéra était aidée par sa fille, qui mourut de l'épidémie de grippe espagnole de 1918.

Dans la cour minuscule de l'école, un éléphant en peluche avec quatre roulettes aux pattes s'accommodait tant bien que mal de sa solitude et des cornacs impatients qui, assis sur son dos, faisaient de magnifiques voyages immobiles.

À l'école maternelle, je fus tout ce qu'il y a de plus sociable, très doux et d'une docilité exemplaire. Je n'étais pas du tout révolté et ne chahutais jamais. Mon frère était plus remuant et ne répugnait pas à faire le coup de poing avec un grand dadais dégingandé nommé Robert Ouzeau.

Je fis mon apprentissage de la lecture avec une méthode classique. Mes petits camarades et moi ânonnions l'alphabet et des syllabes telles que « be-a-ba, pipe-pe, sardine-ne ».

Au lycée Montaigne, la coupure avec l'école communale fut nette. Il fallait avoir un cahier de textes sur lequel on écrivait les heures de cours. Nous devions changer de salle et de professeur.

Je fus un adolescent très calme. La plupart des tourments inhérents à cet âge me furent épargnés. Étant catholique, j'étais guidé par ma religion. Si l'on va communier, il est important d'être en état de grâce et totalement en accord avec Dieu. Cela vous renforce l'âme. Je passai sans rupture de l'enfance à l'adolescence.

J'eus peu de camarades. Mon frère fréquentant le même établissement que moi, j'étais toujours avec lui. Je me souviens néanmoins d'un garçon nommé Dameron. Très doué en dessin, ce fils de chocolatier bordelais devint un excellent peintre.

Jusqu'au certificat d'études, je comprenais l'arithmétique et arrivais à faire une règle de trois. Dès l'arrivée de l'algèbre, je me révélai totalement incapable de résoudre la moindre équation du premier degré à une inconnue. Nous décidâmes, les mathématiques et moi, de nous séparer d'un commun accord. À ma grande déception, mes professeurs n'entérinèrent pas ce divorce.

J'étais dans la section B où l'on ne faisait pas de latin. J'avais assimilé un peu de latin en sixième, mais cela avait duré très peu de temps. J'avais dû apprendre jusqu'à la règle de l'ablatif absolu. Je comprenais toutefois le latin d'église qui n'était pas tout à fait le même que le latin classique, avec beaucoup de répétitions et de nombreux génitifs.

Ma scolarité au collège fut difficile. J'aurais dû faire trois sixièmes. J'en fis deux. À la fin de l'année, lorsque les professeurs demandaient : « Qui voudrait rester avec moi ? », c'est tout juste si je ne levais pas le doigt. Tenter une troisième sixième me paraissait naturel. Recalé à deux reprises à l'examen de passage, je fus, après mon troisième essai, retiré du lycée et réexpédié à l'école communale. Cette disgrâce m'était absolument indifférente. Je ne m'ennuyais pas en classe. Au contraire, je m'y plaisais beaucoup. Le lieu était propice à la rêverie.

Mon niveau général était nul, sauf en français. Je finis par me dire que les études n'étaient peut-être pas indispensables mais avaient tout de même une certaine importance. Durant mon stage à la communale, je passai le certificat d'études que j'obtins avec mention Bien, ce qui était honorable et mieux que rien.

L'année suivante, je me présentai à l'examen de passage de la quatrième et sautai par conséquent une classe. Tout se passa au mieux et j'eus le premier prix de français. Mon goût pour la poésie s'était affirmé, et j'avais la chance d'avoir pour professeur de lettres un grammairien qui venait d'être nommé à Bordeaux, Monsieur Perruquéou (« perruquier » en gascon).

Je retrouve certains des poèmes aimés jadis parmi

ceux qu'apprend aujourd'hui mon petit-fils. Je pourrais reprendre avec lui le sonnet de Du Bellay : « Heureux qui comme Ulysse a fait un beau voyage / Ou comme celui-là qui conquit la Toison / Et puis est retourné plein d'usage et raison / Vivre entre ses parents le reste de son âge ! »

J'avais découvert la littérature en ferraillant aux cotés des *Trois Mousquetaires*. Fasciné par l'itinéraire de D'Artagnan, je ne m'estimais pas indigne de rejoindre moi aussi les Cadets de Gascogne. Lecteur de Jules Verne, j'étais prêt à m'embarquer pour la Terre de Feu et à aller défier le cap Horn afin d'aider l'Argentin Vazquez à combattre les pirates qui tentaient de s'emparer de son *Phare du bout du monde*.

Ignorant tout de mes exploits imaginaires à la cour de Louis XIII et en Terre de Feu, et malgré mon premier prix de français, mon père était navré de ma totale indifférence aux études. J'étais et suis resté nul en mathématiques. Je n'en tire aucune fierté, mais c'est un fait. Je n'étais bon qu'en français et en dessin – seule matière dans laquelle je surclassais mon frère. Certains enseignants me prenaient pour un fumiste.

Un de mes professeurs de dessin, Queynioux, était assez âgé. Bien qu'excellent, il était chahuté par certains élèves auxquels il lançait excédé : « Voyous ! Sales petits gosses ! », et autres termes qui ne faisaient qu'alimenter leur insolence. Des élèves de terminale lui avaient même lancé des œufs dans la classe. Le conseil de discipline sanctionna ce comportement qui eût mérité un zéro de conduite.

En 1932, en classe de première, j'eus un professeur de français extraordinaire, Paul Avisseau, dont l'enseignement me marqua à vie. Il parvenait aisément à nous transmettre sa passion pour la langue française et les Belles Lettres. Lorsque la cloche sonnait à quatre heures la fin des cours pour les externes, nous ne parvenions pas à quitter nos bancs et lui demandions de prolonger son exposé tellement il était captivant. Il le faisait gentiment, avec une certaine conscience professionnelle, en ajoutant toutefois : « Je ne voudrais pas abuser de votre temps. »

Beaucoup plus tard, j'ai rencontré Jean-Paul Avisseau, le plus jeune fils de mon cher professeur, chez la tante de mon gendre, Madame Bouchet, l'épouse du colonel Bouchet qui était alors écuyer en chef à Saumur. À cette occasion, j'appris que Paul Avisseau avait assisté à une projection de *Premier de cordée*. Me reconnaissant, il s'était exclamé en pleine projection : « Tiens, mais c'est un de mes anciens élèves ! »

Je continuai mes études jusqu'au baccalauréat que je n'obtins pas. Je compris qu'une seule tentative suffisait et qu'il était inutile de continuer. Je voulus entrer aux Beaux-Arts, mais mon père s'y opposa catégoriquement. D'autre part, il me fut impossible de devenir professeur de dessin, car il fallait avoir le bac.

Durant cette période d'indécision, mon père rencontra un de ses amis dentiste qui lui dit :

– Pourquoi Jacques ne préparerait-il pas la dentisterie ? Le baccalauréat n'est pas indispensable, il suffit d'avoir le BEPS.

Pour ne pas perdre une année, je pris des cours de mathématiques. Mon niveau de français étant excellent, je me présentai au BEPS et fus recalé de quelques points. Le professeur qui me donnait des leçons de mathématiques me consola :

– C'est idiot car vous avez eu une note extraordinaire en français.

J'avais obtenu 15,5 sur 20, ce qui était exceptionnel pour le sujet proposé. Mais toutes les matières ne m'avaient pas également inspiré. J'avais même eu à subir une épreuve de chant.

Pouvant toutefois devenir apprenti prothésiste sans passer d'examen, je me résignai donc à faire de la prothèse dentaire chez un homme de l'art. Mon compagnonnage avec les incisives et molaires de substitution dura un an et demi.

Au bout d'un an et demi, le charme discret de la prothèse dentaire n'ayant plus aucun effet sur moi, je décidai de m'engager au 2e hussard de Tarbes pour dix-huit mois.

À cette époque, les escadrons à cheval existaient encore. Pour quatre escadrons à cheval, il n'y avait qu'un seul escadron hors rang motorisé.

N'étant pas spécialement attaché à la tradition militaire, j'acquis bientôt auprès de certains sous-officiers une réputation de redoutable anarchiste. J'étais absolument indépendant.

D'autres me considéraient comme un séminariste. Je n'employais pas leur langage ordurier, mais il m'arrivait parfois de les déconcerter. Pour cela, il me suffisait d'entonner une des chansons de carabins que m'avait apprises mon frère.

Si la plupart de mes camarades étaient antimilitaristes, les sous-officiers étaient quant à eux soucieux du règlement et faisaient preuve d'une exigence implacable. En tant que brigadier de chambrée, j'avais écopé d'une punition car on avait trouvé sous les matelas des treillis-bourgerons qu'on avait placés là pour les sécher et faire des plis aux pantalons. La punition ne fut toutefois pas notée sur mon livret militaire.

Mes rapports avec les officiers étaient d'une autre nature. Certains me comprenaient, d'autres restaient indifférents. La plupart étaient issus de la noblesse. Je suivis ainsi des cours de chiffrement avec un lieutenant nommé Froidefond-Desfarges qui devint colonel par la suite.

Un jour que toute ma chambrée était partie, je me trouvais à plat ventre sur l'herbe du casernement, occupé à en arracher quelques brins. Le bruit du pas d'un cheval me tira de ma rêverie. L'animal s'arrêta près de moi. Son cavalier, le colonel Eugène Bridoux, me demanda ce que j'étais en train de faire.

– Mon colonel, je suis dans la boue et ramasse l'herbe. Je trouve ça passionnant. On découvre les mœurs et occupations des insectes. On se familiarise avec les travaux des vers de terre. Tout un univers se révèle à l'observateur qui sait rester discret et respectueux.

À la suite de cette rencontre, probablement intéressé par mes propos, le colonel, qui connaissait mes dons pour le dessin, me désigna pour agrandir un plan en relief fait à l'occasion de manœuvres dans le Gers.

Plus tard, Bridoux – lui-même fils d'un général tombé au front en 1914 – devint général de brigade, puis directeur de l'École de cavalerie de Saumur.

Après avoir fait la guerre à la tête de la 41e division d'infanterie, il fut capturé par les Allemands en juin 1940 et ne retrouva la liberté qu'en mars 1941. Ayant occupé successivement les fonctions de secrétaire d'État à la Guerre et de sous-secrétaire d'État à la Défense nationale dans le gouvernement de Pétain, il dut fuir la France en 1944 pour se réfugier en Espagne où il mourut le 6 juin 1955.

De mon service militaire, qui ne fut ni drôle ni brillant, je suis sorti brigadier. Seul mon caractère indépendant m'avait privé du grade de brigadier-chef, mais je fus tout de même nommé sous-officier quelques jours après avoir été libéré.

3

Le soc et la charrue

Dès ma plus tendre enfance le monde rural a exercé sur moi un charme puissant et durable. Lorsque je rencontrais des paysans, je leur parlais comme à des amis et enviais leur connaissance des mystères de la terre et leur familiarité avec les animaux. À l'époque des labours, des semailles ou des moissons, leurs gestes me paraissaient empreints de noblesse et de dignité, et ne pouvaient, selon moi, être accomplis que par des êtres pleins de sagesse.

Pendant les vacances, j'allais dans les étables caresser les vaches gasconnes et m'émerveillais devant le tableau naïf de la tétée. Je prenais un grand plaisir à détacher les veaux et à les mener à leur mère. La manœuvre ne présentait aucune difficulté, car de même que les chevaux se rendent à l'abreuvoir sans se soucier de leur cavalier, de même les veaux me conduisaient à destination sans que j'eusse à les guider.

Mon service militaire accompli, je décidai d'embrasser la profession de paysan. Il ne s'agissait pas d'une toquade mais d'une envie ancienne. J'optai donc pour le soc et la charrue en 1936.

J'appris que le château de Cornac était à vendre. Le domaine, situé sur le hameau gersois de Ricourt près de Marciac, représentait cent hectares – dont vingt-cinq de bois – d'un seul tenant. Je conçus aussitôt le projet d'acheter cette demeure du XVIe siècle où Henri IV avait séjourné et dormi. À ce propos, pourrait-on me dire s'il existe un seul castel de France ou de Navarre où le Vert Galant n'a pas piqué au moins un petit somme ?

N'ayant pas un sou vaillant, je pris contact avec mon cousin et parrain Robert Dufilho afin de lui demander un prêt. Avisée de ma démarche, ma grand-mère paternelle, dans un accès de sévérité, contrecarra mes plans en adressant à Robert une lettre peu flatteuse pour moi. Mon aïeule expliquait que je n'étais qu'un bon à rien destiné à rester à la remorque de son frère et de sa sœur – lesquels étaient chacun pourvus d'une belle situation, comme médecin et pharmacienne. Selon ma grand-mère, ma nullité dans l'admirable discipline des mathématiques me condamnait à l'échec. Il était donc vain d'encourager mes ambitions agricoles et je devais abandonner toute velléité de devenir propriétaire d'un domaine rural. Ses arguments portèrent puisque mon cousin me refusa le prêt.

Je ne renonçai pas pour autant à mon apprentissage d'agriculteur. Je m'adressai à plusieurs propriétaires des environs de Mirande, dont Monsieur de Castelbajac, qui refusèrent mes services et me conseillèrent de prendre contact avec des domaines du Nord susceptibles d'accueillir des stagiaires. L'idée de quitter la région ne me séduisait guère. Heureux qui comme votre serviteur a enfoncé ses sabots dans la terre de ses ancêtres !

Je ne parvenais cependant pas à renoncer au château de Cornac. Il s'agissait d'une exploitation dont je voyais les propriétaires labourer leurs champs avec trois paires de bœufs, et je pensais qu'il serait intéressant d'apprendre l'agriculture avec ces gens que connaissait mon père.

Grâce à l'aide des miens, il me fut possible d'entreprendre beaucoup de choses. Je débutai avec une paire de bœufs en location, qui m'avait été prêtée par un maquignon, et deux vaches offertes par ma mère. Elles lui avaient coûté 4 800 francs, une somme importante pour l'époque. J'utilisai la 5 CV de ma sœur pour déménager.

Je passais à Cornac une année. Aucun salaire ne m'était versé, mais j'étais fort bien nourri et heureux d'apprendre mon métier d'agriculteur.

On me logeait comme un seigneur dans une chambre au plafond à caissons située au deuxième étage de la tour. Plus tard, après la vente du château, j'habiterais, pour une courte période, une petite maison abandonnée attenante.

Je vivais comme un moine. Je m'étais fait un lit avec deux travers de bois sciés dans la forêt, deux longerons et un enlacement de cordes et de cordages. Je ne disposais que d'une paillasse en paille de maïs pour m'isoler des cordes. L'installation était des plus primitives mais elle me convenait parfaitement.

J'avais un rapport tout à fait particulier avec le

monde paysan que je voyais à travers les gens chez qui j'habitais.

Le propriétaire du château, Monsieur Gauthé, n'était pas paysan lui-même. Il portait une jaquette et un col dur, et se promenait dans les champs avec l'allure d'un bourgeois d'Auch. Le pauvre homme mourut de la tuberculose peu de temps après la vente de son domaine. Déjà affaibli par la maladie lorsqu'il m'engagea, il était totalement incapable de conduire un troupeau.

Madame Gauthé était alors âgée de quarante-huit ans. Elle était d'une gentillesse extraordinaire et très maternelle. Lorsque le château fut vendu en 1937, elle devint cuisinière dans une clinique d'Auch. Les malades devaient être ravis, car elle faisait une cuisine étonnante. Mes papilles s'émeuvent encore au souvenir de ses crêpes délicieuses.

Son frère, un paysan d'origine espagnole, s'occupait des travaux des champs. C'est lui qui m'initia aux arcanes de cette science mystérieuse qui consiste à conduire les bœufs et les vaches, les paisibles et silencieux tracteurs de l'époque. Je me révélai un disciple consciencieux et doué, et on m'assura bientôt que j'avais l'étoffe dont on fait les ruraux.

Les paysans du voisinage remarquaient l'intérêt que je portais aux travaux de la ferme. Ils avaient confiance en moi et ne me considéraient pas comme un idiot importé de la ville. À défaut de propositions directes, certaines conversations me laissèrent même penser que, parmi les filles du coin, deux ou trois voyaient en moi un mari possible.

Mes vaches eurent des veaux. L'une d'elles connut un accouchement difficile. Alors qu'elle allait mettre bas, un chien l'avait poursuivie. Paniquée, elle avait sauté un petit mur. Le veau était mort.

Je me souviens de cette nuit de veille où, pour nous éclairer, nous ne disposions que d'une lampe tempête. Un vieux paysan de mes voisins avait voulu m'aider. Il avait soixante-dix-huit ans, ce qui paraissait très âgé au gaillard de vingt-trois ans que j'étais alors. Le vieillard était d'ailleurs très fatigué, et il décida bientôt d'aller se coucher. Il empoigna sa lampe et regagna sa propriété qui devait faire sept ou huit hectares.

Le beau-frère de Monsieur Gauthé m'apprit à tailler la vigne. La propriété en comptait six hectares, ce qui était considérable en ce temps-là. Autrefois, on faisait du vin au château. Il y avait une installation presque industrielle comprenant un wagonnet, un petit decauville et quatre pressoirs au fond.

Au fil des mois, je devins presque un paysan. Les gens étaient encourageants et me disaient que je me débrouillais. Je n'avais aucun mérite ; tout cela m'était extrêmement facile.

Debout avant le lever du soleil, j'allais nourrir mes six têtes de bétail. Je m'étais adapté rapidement au travail de la terre qui m'apparaissait comme un grand et plaisant jardinage.

Malheureusement les propriétaires de Cornac finirent par vendre le domaine à un certain Monsieur Massias. Lui en avait fait l'acquisition pour son fils, un rejeton de la bonne bourgeoisie gersoise qui avait suivi son droit à Paris en dilettante.

– Il a fait son droit de travers, disait Madame Gauthé.

N'étant pas intéressé par l'agriculture, le jeune Massias embaucha un régisseur qui prit ses quartiers sur le domaine et commença à travailler la terre. Les bœufs n'étaient plus beaucoup utilisés à cette époque-là. Le propriétaire fit acheter un tracteur Fordson pour labourer les champs, trop en pente. Il fallait parfois retenir l'engin qui était dangereusement conduit. Cela s'est mal terminé : le régisseur – qui n'était pas assuré – eut un accident et mourut de ses blessures.

Ce drame dégoûta Monsieur Massias de la campagne. Il vendit le château à Madame Sanguinetti.

Bien qu'ayant été sollicité par Monsieur Massias, je ne m'étais pas entendu avec lui et avais quitté Ricourt peu de temps après son arrivée.

En 1937, je fis la connaissance d'un autre propriétaire, un nommé Samalens, qui travaillait le lundi pour une compagnie d'assurances et exerçait, le reste de la semaine, le métier d'agriculteur sur la propriété de sa mère adoptive, Madame Lagardère. À Mirande, le marché avait lieu le lundi, et ce jour-là Samalens disposait d'un bureau où il recevait ses clients.

Il me proposa de travailler chez lui et de lui vendre mes vaches dont il avait besoin pour labourer les champs. N'ayant pas de propriété, j'étais disposé à lui céder mes animaux et à rester chez Madame Lagardère.

Ma nouvelle propriétaire habitait un ancien moulin à vent, en face de la route de Tillac, auprès duquel se trouvait la ferme qu'entretenait Samalens. Ce dernier avait eu un grave accident avec un des taureaux qu'il élevait. L'animal furieux l'avait chargé et lui avait abîmé la jambe au point que le chirurgien avait voulu couper le membre en charpie. Samalens avait échappé à l'amputation. Mais le malheureux était sorti de l'hôpital très handicapé. Outre sa jambe massacrée, il avait un bras atrophié et avait été trépané. Cela ne l'empêchait pas de travailler dur car il faisait preuve d'une volonté et d'un courage extraordinaires.

Je découvris avec l'infortuné Samalens une autre manière de travailler. Sa mère et lui me traitèrent bien et m'encouragèrent constamment. Ma ferme intention de progresser dans l'apprentissage du métier de paysan en fut renforcée.

Chez Madame Lagardère, comme à Cornac, j'accomplis pendant une année tous les travaux saisonniers. Je fis lever les semailles – j'avais semé du blé, de l'avoine et du maïs. Nous traçâmes des sillons pour les plantations de fèves dont les fleurs sentent si bon.

Le travail des champs commençait par le labour et se faisait au rythme lent des pas des bovins. Quand on utilisait deux paires d'animaux, les vaches précédaient les bœufs qui suivaient près de la charrue ou de la faucheuse.

En ce temps-là, labourer et herser prenait beaucoup de temps. Pendant que je poussais les bœufs et les vaches, j'avais la possibilité de penser et même de méditer. Sensible à l'effort fourni par mes animaux, j'avançais en tentant de déchiffrer l'énigme portée par leur souffle.

La respiration des bêtes est un langage et le travail de la terre une prière. N'étions-nous d'ailleurs pas obligés de nous agenouiller souvent ? Et les plantes que nous avions semées ne se dressaient-elles pas dans la nuit comme autant de cierges allumés ?

La spiritualité inhérente au travail de la terre disparut sous les roues des tracteurs. Il devint alors inutile de dresser des animaux pour travailler et les pauvres bêtes ne furent bientôt plus destinées qu'à la boucherie. Le paysan perdit le contact direct avec la terre et brada son âme à la déesse Technologie en entrant dans l'ère du rendement. Ce fut la fin d'une forme de civilisation.

J'assistais impuissant au crépuscule du monde paysan que j'avais aimé et respecté. Heureusement, la graine du théâtre avait germé en moi et j'étais à présent disposé à faire un beau voyage.

Je pris congé de Madame Lagardère un jour de l'été 1938. Son fils adoptif vécut encore longtemps et finit par vendre sa ferme.

Il n'est pas impossible que, certains soirs, un fantôme claudicant et volontaire arpente la route de Tillac.

4

Le cavalier Dullin

Dans notre enfance, ma sœur Yvonne, qui aimait le théâtre, nous faisait jouer des pièces extraites de *La Semaine de Suzette*. Nous donnâmes un jour une de ces saynètes pas bien méchantes sous la tonnelle du jardin de ma grand-mère maternelle. Je fis ainsi mes débuts, déguisé en petite fille. Les grandes personnes m'avaient déjà fait interpréter *La Madelon*, chanson à laquelle je ne comprenais rien. Cela avait réjoui une assistance insensible aux tourments d'un jeune artiste à la vocation naissante.

Quelques années plus tard, je fus émerveillé par une représentation du *Malade imaginaire* donnée par la troupe de la Comédie-Française au cours des Matinées classiques organisées pour les lycéens bordelais. À l'issue du spectacle, Béatrix Dussane prit place derrière une table et commença à s'adresser au public. La grande comédienne évoqua avec une émotion communicative la vie de Molière devant des spectateurs respectueux et attentifs qui semblaient goûter chacune de ses paroles. Les propos de Dussane et le rapport qu'elle entretenait avec son auditoire me fascinèrent.

À peu près à la même époque, vers 1927-1928, dans la salle de spectacle du cercle d'études où les « grands » élèves venaient jouer des pièces, je commençai à éprouver un certain plaisir à me trouver sur scène en interprétant les œuvres d'Henri Ghéon.

Personnage complexe, Ghéon fut l'ami le plus proche d'André Gide dont il partageait l'orientation sexuelle et avec qui il cofonda la *Nouvelle Revue française*.

Disciple du poète François Villiers-Griffin, marqué par la personnalité de Charles Péguy et auteur d'un recueil de poésies dédié à Francis Jammes (*Chansons de l'Aube*), Ghéon fut fasciné par le courage et le dévouement du lieutenant de vaisseau Pierre-Dominique Pouey qui, frappé d'une balle en plein front, était mort le 3 avril 1915, le jour du Samedi saint.

L'écrivain eut soudain conscience d'avoir côtoyé un « saint » et sut que sa vie allait en être bouleversée. Sa conversion au catholicisme altéra considérablement ses rapports avec Gide auquel il écrivit : « Nous ne vivons plus sur le même plan. Ne pouvant prêcher, je me tais. Le Ghéon que je fus et que tu regrettes, je l'abomine ; c'est peu dire, je le vomis[1]. »

Se souvenant des mystères du Moyen Âge, Ghéon écrivit de nombreuses pièces d'inspiration religieuse dont *Le Pauvre sous l'escalier*, œuvre consacrée à saint Alexis, qui fut créée au Vieux-Colombier, en

1. Lettre du 9 mai 1920, *Correspondance Henri Ghéon-André Gide, 1897-1944*, Gallimard, 1976.

janvier 1921, par Jacques Copeau – également interprète du rôle principal – et sa fille. Le personnage d'Alexis marqua Copeau au point d'avoir encouragé sa conversion au catholicisme.

Après avoir publié en 1919 *L'Homme né de la guerre : témoignage d'un converti*, Ghéon créa avec Henri Brochet une compagnie uniquement composée d'amateurs, les Compagnons de Notre-Dame, pour laquelle il composa un répertoire repris par maintes troupes non professionnelles, dont la nôtre.

J'aimais chez Ghéon la grande poésie de son œuvre, son goût pour le Moyen Âge et cet « art jeune et joyeux sorti de ces vieux textes toujours vivants », salué chaleureusement par Claudel.

De Ghéon, je jouai *Le Mort à cheval*, qui racontait l'histoire de trois ou quatre camarades en route pour Compostelle. Dans cette pièce, j'avais un rôle important, celui de saint Jacques, et incarnai le personnage secondaire d'une vieille femme aubergiste. Caricaturer la voix des paysannes de la région me fut chose aisée et me servit bien plus tard au cabaret.

Dans la salle de spectacle de notre paroisse de Sainte-Geneviève, à Bordeaux, je jouais avec beaucoup d'enthousiasme des petits rôles dans des pièces comme celle de l'abbé Borde, *Cœur de poilu*. J'incarnais avec beaucoup de conviction le facteur de Parentis.

Je touchais certains spectateurs, au nombre desquels se trouvait un monsieur fort érudit, Gabriel Frizeau, qui avait une grande connaissance du théâtre et correspondait avec ses amis Paul Claudel et Francis

Jammes[1]. Frizeau était un avocat bordelais « de la race de Montesquieu et de Montaigne », ainsi que le dépeignit son ancien camarade de lycée, Francis Jammes. Homme d'une intelligence et d'une sensibilité exceptionnelles, il fut un véritable protecteur des arts et encouragea la vocation poétique d'Alexis Leger, le futur Saint-John Perse. Il permit aussi à des peintres bordelais, comme André Lhote, d'exposer leurs toiles à Paris.

À l'issue du spectacle, Frizeau posa sur moi son regard attentif et bienveillant et ne me ménagea pas ses encouragements :

– Vous êtes doué. Vous devriez faire du théâtre.

La rencontre que je fis un jour de l'été 1938 à Barèges, dans la pharmacie de ma sœur, m'aida à comprendre que la scène était ma vocation.

Dans l'officine d'Yvonne, je croisai Madeleine Lambert, une comédienne de chez Dullin. Je lui posai la question :

– Que faut-il faire pour jouer au théâtre ?

– Il n'y a qu'une seule voie : aller à Paris, au théâtre de l'Atelier, chez Charles Dullin, me répondit-elle.

Dans la baraque de notre paroisse Sainte-Geneviève, j'avais non seulement ressenti une forte attirance pour les planches, mais aussi découvert le cinéma en voyant des westerns muets dont l'un s'intitulait *Le Sapin de la confession*. J'avais surtout eu un choc en assistant à la projection du *Miracle des loups*, réalisé en 1924 par

---

1. Lettres publiées par Gallimard, à la NRF, en 1952.

Raymond Bernard. Charles Dullin incarnait Louis XI. Les scènes de nuit étaient teintées en bleu et les scènes de jour en noir et blanc. J'avais été impressionné par l'apparition de Louis XI à cheval.

Ma mère approuva mon départ pour la capitale et mon frère m'encouragea en me payant mon séjour. Pour la première fois, je montai à Paris en train. Mon deuxième voyage se fit, Bible en poche, sur une grosse motocyclette René Gillet 750 qui était alors le modèle en usage dans la police.

À mon arrivée, je me rendis rue Taitbout, chez une ancienne amie de ma mère. Cette demoiselle me loua une chambre facile d'accès au deuxième étage de l'immeuble. Pour 150 francs par mois, ce qui n'était rien du tout, je disposais d'une pièce où dormir, d'une petite cuisine et d'un cabinet de toilette. Moyennant 45 francs, j'eus l'autorisation de me faire à manger à midi. Ma moto fut logée chez la concierge.

Mon arrivée à Paris fut une renaissance. J'allai à l'Atelier où Dullin mettait en scène et jouait dans *Plutus (L'Or)*, d'Aristophane. Je trouvai le spectacle passionnant mais n'osai pas me présenter directement à Dullin. Je revis la pièce encore deux fois, puis, le troisième soir, je me dis :

– Il faut absolument que je le rencontre.

Quand nous nous retrouvâmes face à face, Dullin me regarda. Je fus impressionné par ces yeux qui vous transperçaient. Il me rappelait ma grand-mère paternelle qui, d'un seul coup d'œil, vous analysait d'une manière précise et fort décourageante. On pouvait deviner alors une accusation terrible :

– Toi, tu as fait une bêtise.

Dullin avait cet œil qui observait le moindre détail. On n'était coupable de rien, mais on se sentait soudain responsable de tout. Il vous jaugeait et vous jugeait. Après avoir examiné mes culottes de cavalier et mes bottes, il me demanda :

– Tu fais du cheval ?

Je lui répondis par l'affirmative.

Notre amour des chevaux nous rapprocha aussitôt. Il me dit simplement de m'inscrire à son école. Ce fut le tournant de ma vie.

Il aidait ses élèves à développer leur personnalité. J'ai tout appris avec lui, tout ce qu'on peut savoir sur le métier de comédien. C'est grâce à Dullin que j'ai découvert l'âme du théâtre : le respect du texte et de l'auteur, le respect du public, le respect des partenaires.

Au cours Dullin, l'atmosphère était au recueillement. Il avait les noms des gens qui voulaient auditionner. Il fallait presque prendre rendez-vous. Dullin n'avait pas des élèves, il avait des disciples. Il était l'exemple et le maître, mais n'en tirait nulle vanité. L'humilité était à la base de son enseignement, et, à l'occasion de telle ou telle scène que nous passions, il insistait sur la primauté du texte – une pièce signifiait quelque chose en soi –, et il nous parlait de son indifférence au vedettariat.

Nous apprenions l'improvisation, le placement de la voix, la respiration, la diction, le mime avec Jean-Louis Barrault, la comédie moderne avec Marcel Dorval. Le samedi, nous retrouvions Charles Dullin pour des scènes de boulevard ou de comédie classique.

Dullin et sa femme se répartissaient le travail. Je

me rendais chez elle, rue Pereire. Presque impotente, elle marchait difficilement. Au début, je me conduisais mal. Je mettais des chewing-gums dans les pots de fleurs. Elle me le fit remarquer. Je me plaçai alors au premier rang et me comportai en garçon bien élevé. Sensible à mes efforts, Madame Dullin me laissa faire des improvisations dont certaines me servirent au cabaret.

À l'école de l'Atelier se côtoyaient des élèves venus du monde entier : des Tchèques, des Russes, des Anglais, des Espagnols, un Hongrois qui s'appelait Gorbatchev et avait un accent terrible, des Canadiens, des Yougoslaves. Ils avaient tous une bonne connaissance du français et apprenaient à corriger leur accent. Je me souviens notamment de la Luxembourgeoise Berthe Tissen – qui a épousé ensuite le ministre de la Guerre des Pays-Bas. Elle avait un léger accent, ce qui ne l'a pas empêchée de jouer avec nous et d'être excellente.

Je me liai avec une jeune fille brune, Olga Kechliewitch. Elle avait pour amie une blonde d'origine russe, Olga Kosakewitch, qui devint également ma camarade.

Parmi les élèves déjà connus, les plus remarquables étaient Jean Marais, pour qui j'avais de l'admiration, et Madeleine Robinson. Un peu plus tard, un personnage étrange nous rejoignit : Alain Cuny. Il était à part. Il se taisait la plupart du temps. Sa manière de jouer était très caractéristique et terriblement monotone. C'était tellement imprimé dans son personnage que Dullin n'a jamais cherché à le corriger. Il impressionnait beaucoup de gens. Après avoir suivi le cours de

Madame Dullin, il m'arrivait de le raccompagner à moto. Il trouvait que je roulais trop vite. Il était coincé à l'arrière. Je n'avais pas de tan-sad mais une simple sacoche et ça devait être dur pour mon passager.

Madeleine Robinson passait ses scènes pieds nus et avait toujours un mouchoir à la main. Elle avait déjà joué des rôles importants, au cinéma dans *Le Mioche* de Léonide Moguy ou *Nuits de feu* de Marcel L'Herbier. Madeleine et moi avions l'un pour l'autre de l'estime. En 1939, elle se maria et me céda son appartement de Montmartre, 20 rue Chappe. De Dullin, son maître, elle écrivit en 1978, dans son autobiographie, *Les Canards majuscules* : « Il fut mon père, mon guide, ma religion, ma foi, mon soutien aux heures les plus difficiles. Il est encore ma prière, mon recours. »

Dullin avait la même attitude face à nous, filles ou garçons. À la fin de chaque séance, les élèves s'asseyaient devant sa table et la conversation commençait. Il tenait compte de l'opinion de chacun.

Les élèves auxquels Dullin disait « Tu vas jouer avec moi » étaient ceux avec lesquels il partageait une certaine conception du métier de comédien. En me donnant le rôle de l'Auvergnat dans *Le Misanthrope et l'Auvergnat* d'Eugène Labiche – pièce qu'il qualifia de « spectacle gai et émouvant sur les conséquences de la vérité quand on prend le mot au sérieux » –, Dullin avait décelé mon tempérament et un talent comique.

Il prenait en compte les scènes que nous choisissions de passer et définissait l'emploi de chaque comédien. Il ne nous ménageait pas. Je jouais une scène avec une camarade d'origine allemande. Elle interprétait le rôle de Phèdre et je lui donnais la réplique dans celui d'Hippolyte. La jeune femme était excellente. Ce qu'elle faisait était presque trop bien, tandis que moi, par volonté de naturel, j'étais en dessous de tout. Dullin m'a lancé :

– Tu dis les vers comme un cochon.

J'avais reçu le commentaire du maître comme une douche froide. Un des élèves, Claude Martin, me réconforta :

– S'il t'a dit ça, c'est qu'il t'aime et t'estime beaucoup. Sinon il s'en serait complètement foutu.

En général, je disais les vers d'une manière trop naturelle. Dullin était attaché à leur rythme. Il cherchait toujours la vérité du texte. Il sortait chaque texte d'une manière divine, et, dès la première scène, captait l'attention du public. Je l'ai vu répéter *Cinna* de Corneille. C'était merveilleux.

Ce talent de diseur lui avait permis de quitter le Lapin à Gill, un célèbre cabaret montmartrois où il cachetonnait, pour entrer au théâtre des Arts, devenu depuis le théâtre Hébertot.

Dullin me mit en scène sept fois. Le simple fait d'être aux côtés de mon maître rendait tous les rôles importants pour moi. La première pièce que j'ai jouée après l'Armistice était *La Princesse des Ursins*, de Simone Jollivet. J'incarnais un grand d'Espagne à la cour de Louis XIV. J'interprétais cet homme de quatre-vingts ans avec un fort accent espagnol. Je n'avais que vingt-six ans, et Dullin m'avait donné de précieuses indications :

– Tu fais un vieillard. Pour trouver sa démarche,

imagine-toi après une chevauchée de quarante kilomètres.

Je m'étais bâti un personnage plus ou moins myope et une plume de mon chapeau me gênait la vue de temps en temps. Cela amusait Dullin.

En mai 1942, quatre mois après la création de *La Princesse des Ursins*, je jouais une nouvelle fois pour Dullin dans *Les Amants de Galice*, de Lope de Vega. Nous avions commencé à répéter la pièce avec Jean Marais qui était en train de devenir l'un des grands jeunes premiers du cinéma français. Il n'aimait pas la pièce et lorsque le producteur Raoul Ploquin lui proposa d'être Don José dans une adaptation de *Carmen*, réalisée par Christian-Jaque en Italie, il choisit le cinéma et déclina la proposition de Dullin. Ce dernier, s'estimant trahi, entra dans une colère noire et lui dit :

– Mon petit, ce que tu as fait est épouvantable. Ta carrière est finie ! Tu ne joueras plus de pièce ni de film.

L'affaire se régla à l'amiable, Ploquin ayant accepté de dédommager Dullin. Serge Reggiani remplaça Jean Marais et fut excellent dans le rôle.

En mars 1947, je fus de la création de *L'An Mil*, de Jules Romains. Dans cette pièce, je recueillais la confession de Dullin, et on passait facilement du rôle de confesseur à celui de confessé.

J'étais un moine illuminé qui croyait à la fin du monde. J'ignore s'il y croyait sincèrement, mais il convainquait son auditoire. Il prononçait un sermon que je n'ai pas oublié :

– Mes frères, je vais vous faire connaître la plus grande nouvelle qu'il ait été donné au monde de connaître depuis la mort et la résurrection du Christ : le monde va finir.

Avant de prononcer ces mots, je me recueillais dans ma chaire, et je me signais en disant :

– Au Nom du Père, du Fils, et du Saint-Esprit. Ainsi soit-il !

À ces paroles, certains spectateurs se signaient dans la salle. Était-ce dû au pouvoir de conviction du comédien, à la portée du texte ou à la présence d'un public composé de catholiques fervents ? Je n'en sais rien, mais la sœur de Dullin, qui était très pieuse, fut scandalisée et protesta :

– Oh ! Non, on n'a pas le droit ! Il faut lui interdire de faire son signe de croix avant son sermon.

Elle trouvait choquant que, dans un théâtre et surtout dans une pièce intitulée *L'An Mil* – qui était un sujet plutôt contre la religion –, on pût faire un simulacre de messe.

La pièce passa inaperçue et le texte en est aujourd'hui presque introuvable. Dans son recueil de portraits, *Amitiés et Rencontres* [1], Jules Romains exprima parfaitement la déception générale : « Aux inconvénients prévisibles vint s'ajouter une grève de la presse, dont les dates coïncidèrent fâcheusement avec la durée de mes répétitions et les premières représentations de la pièce. Le public, même averti et sympathisant, fut tenu dans l'ignorance de ce petit événement théâtral. Je rencontrais des gens qui me demandaient plusieurs semaines après la générale : "Quand votre pièce passe-t-elle chez Dullin ?" »

1. Flammarion, 1970.

En novembre 1947, Dullin fut accueilli au théâtre Montparnasse par Marguerite Jamois pour créer *L'Archipel Lenoir*, d'Armand Salacrou. Je jouais Joseph, le domestique de la famille Lenoir, un personnage qui avait une importance capitale dans le dénouement de la pièce. Dullin, coiffé d'une perruque blanche, était éblouissant de vérité dans le rôle du grand-père Lenoir.

De cette pièce, je garde surtout le souvenir de fous rires partagés avec Dullin. Il me disait :

– Tu vas voir, je vais changer d'attitude pendant mes scènes avec Marguerite Jamois. Je mettrai mon chapeau de telle manière qu'elle en sera surprise.

Et il ajoutait :

– Tu ne riras pas, n'est-ce pas ?

Personne d'autre ne riait que moi. J'adorais les blagues de Dullin, mais Marguerite, qui ne comprenait pas ce qui se passait, m'avait dit à la fin des représentations :

_ Vous ne jouerez plus au théâtre avec moi, car vous êtes trop rieur. Il est impossible de vous tenir.

L'amour de Dullin pour les chevaux était inouï. Il en a toujours eu – jusqu'à cinq animaux en même temps – dans la cour de l'Atelier.

Il n'y avait pas d'eau chaude.

À sa demande, les élèves plongeaient leurs mains dans le seau d'eau froide destiné à désaltérer ses chevaux, afin de réchauffer le liquide.

C'est là que je fis la connaissance de Bobby en 1938. Quelques années auparavant, au même endroit, l'ânesse Gitane avait conquis Pirandello lors de son passage à Paris.

Lucien Arnaud, le directeur et le trésorier de l'école depuis la création de l'Atelier, et quelques élèves privilégiés étaient autorisés à monter les chevaux de Dullin. Un dimanche soir, Arnaud se promenait sur sa monture près de l'Opéra. Il y avait là un garde républicain à l'air solennel qui, se tenant très droit sur sa selle, réglait la circulation. Le cheval d'Arnaud devait être une jument et celui du garde un étalon. Ou bien était-ce le contraire ? Toujours est-il qu'il y eut une sorte de rapprochement involontaire des deux bêtes. Arnaud revint à l'Atelier en nage. Séparer un étalon d'une jument en chaleur est un exploit !

Comme je faisais beaucoup de cheval, j'avais dit à Dullin :

– Vous devriez venir monter au manège de Maître Charpentier, rue Leroux. Ce serait agréable et il n'y aurait pas de témoins.

Ne voulant pas s'exhiber, il ne donna pas suite à ma proposition. Il était handicapé par la voussure de son dos.

Madeleine Robinson avait été invitée dans la maison de campagne que Dullin louait du côté de Pont-aux-Dames, à Férolles, en Seine-et-Marne. Le lendemain matin, elle avait vu Dullin cramponné à une barre, à vingt centimètres du sol. Il faisait des étirements pour essayer de redresser sa colonne vertébrale. Il avait une volonté incroyable car il devait souffrir énormément.

Dullin perdit Bobby. Les nouvelles concernant l'état de santé de l'animal n'étaient pas bonnes et, un soir, l'étalon mourut de vieillesse. Il avait eu une bonne vie.

Il se promenait dans un champ le jour entier, faisait ce qu'il voulait et rentrait paisiblement le soir à l'écurie.

Seul véritable cavalier parmi les élèves du cours, et possédant moi-même un cheval, je proposai à Dullin de l'aider à enterrer Bobby. Il accepta. Une voiture nous attendait. Nous allâmes à une cinquantaine de kilomètres de Paris.

Je ne mesurais absolument pas la force physique de Dullin. Il avait celle d'un paysan. Il saisit une pioche puis une bêche, et commença à creuser. Étant jeune et plein d'énergie, je l'imitai.

Nous étions en 1947, une année mémorable, car il n'avait pas plu du tout et le vin avait été exceptionnel. De temps en temps, nous nous arrêtions de creuser, Dullin regardait son cheval.

Notre triste tâche accomplie, il me demanda de le laisser seul. Il se recueillit et dit adieu à la pauvre bête. C'était bouleversant de le voir debout au bord de la tombe, faisant une dernière prière pour un animal qui lui avait rendu tant de services. À la débâcle, Dullin avait attelé Bobby à son tilbury et était parti sur les routes pour se rendre à Lyon et retrouver Simone Jollivet. Il avait écrit à Lucien Arnaud : « [...] Je te raconterai un jour les péripéties de l'exode, mon retour à Paris grâce à ma fidélité à Bobby qui passait fier comme Artaban, au milieu des cadavres d'autos qui jonchaient les routes. »

La dernière pièce jouée par Dullin, en 1949, était *La Marâtre*, une adaptation de l'œuvre de Balzac par Simone Jollivet. Alors que je devais faire partie de sa distribution, je quittai la troupe en motivant mon indisponibilité par un besoin urgent de me faire soigner les dents. Avec le recul, je me rends compte de ma négligence en matière de soins dentaires. Mon médecin, Raymond Leibowicz, était connu dans notre métier. Il soignait Simone Signoret, Yves Montand et tous les grands comédiens.

Lucien Arnaud dit à Dullin :

– Dufilho nous a quittés non pas pour se faire soigner les dents, mais parce qu'il a un autre projet chez Grenier-Hussenot.

C'était vrai dans les deux sens, de toute façon, Dullin se fâcha contre moi. On me raconta qu'il était furieux. Après notre brouille, je ne le revis plus jamais. Et je lui devais tout. Qu'il me pardonne.

5

Une âme de guerrier

En 1933, je venais de terminer mes études au lycée Montaigne. Je ne me préoccupais pas de la situation internationale qui ne me touchait que de loin. La fumée née des flammes de l'incendie du Reichstag n'assombrissait pas le ciel pur de Mirande et, quoique peu savante, la musique de nos sabots était si douce à nos oreilles qu'elle couvrait sans peine le vacarme des bottes prussiennes. Mon père n'était pas inquiet non plus, plutôt indifférent.

La menace d'une guerre se précisa en 1938. Je croyais alors que nous étions bien armés et pensais que nos généraux, qui avaient gagné la guerre de 14, étaient compétents et préparés à affronter l'armée allemande. En 1934, à la fin de mon service militaire, j'avais, avec l'ensemble du 2e hussard, inauguré à Tarbes la statue de Foch qui avait été un superbe officier de cavalerie, un vrai soldat. Je vivais dans le culte des héros de la Grande Guerre.

Le 1er septembre 1939, la mobilisation générale fut

décrétée. J'avais la volonté de stopper l'Allemagne nazie mais, en dehors de la certitude qu'il fallait combattre Hitler, mes opinions politiques n'étaient pas clairement définies. Je n'étais inscrit à aucun parti.

Je fus mobilisé comme maréchal des logis le 3 septembre 1939. Je n'étais pas vraiment triste d'abandonner ma toute fraîche carrière de comédien, car je n'avais pas fait grand-chose. Ayant servi au-delà de la durée légale durant mon service militaire – je m'étais engagé pour dix-huit mois –, j'avais été mobilisé comme un militaire de carrière. Je devais toucher environ 1 000 francs par mois à une époque où le salaire mensuel de certains fonctionnaires n'était que de 600 francs.

Mon frère avait été appelé dès le premier jour. Médecin, il devait faire passer l'examen médical aux soldats mobilisés, ce qui me permit de le suivre pendant deux jours à Bordeaux où il était officier.

J'allai ensuite me présenter à la caserne de Saintes. J'étais équipé. Je portais déjà des culottes de cheval bien coupées qu'on m'autorisa à garder. Mon frère m'avait acheté des bottes en phoque qui me servirent pendant la durée des hostilités. Elles étaient imperméables et pratiques pour faire la guerre.

À Saintes, les moyens étaient absolument démodés. La pagaille régnait. Les uniformes distribués aux recrues n'étaient pas à leur taille. Les casques étaient soit trop grands, soit trop petits. Nous avions toutefois l'espoir de faire mourir de rire l'ennemi tant l'aspect des soldats était grotesque. J'essayais quant à moi d'être bien habillé et correctement équipé, en un mot présentable.

Après avoir passé une première nuit à la caserne dans des chambrées où la paille tenait lieu de matelas, nous fûmes logés chez l'habitant.

Les cavaliers firent bientôt la connaissance des chevaux qui avaient été réquisitionnés pour eux. Il s'agissait, pour la plupart, d'animaux mal entretenus, avec des ventres énormes. Il était parfois impossible de les sangler tellement ils étaient gras.

Nous formâmes des pelotons d'escadrons motos. Un escadron moto normal comptait treize motos-side. En guise de side-car, nous dûmes nous contenter de Simca sur lesquels nous montions à deux. L'effet produit était grotesque. Seuls quelques officiers étaient bien motorisés et leurs 15 Citroën pouvaient monter jusqu'à 140 km/h.

L'humiliation et le ridicule ne tuent pas et c'est heureux, car un certain nombre de nos officiers auraient succombé avant même que le premier coup de feu eût été tiré. Dans son livre *Lieutenant, un blessé vous attend*, mon frère rappelle qu'en tant qu'officier monté, il avait droit à un cheval, tandis que le lieutenant qui était juste en dessous de lui sur le plan hiérarchique ne disposait que d'une bicyclette pour faire une guerre moderne !

Au bout de dix-huit jours passés à Saintes, nous prîmes le train pour l'Alsace. Les wagons n'étant pas prévus pour accueillir des chevaux obèses – un animal suralimenté occupait trois fois plus d'espace qu'un cheval bien entretenu –, l'embarquement fut pittoresque et tout aussi improvisé que notre séjour charentais.

Arrivés dans notre village alsacien, il fallut compter sur nos souvenirs du service militaire pour savoir comment nous servir d'une arme, car nous n'eûmes droit qu'à une seule séance de tir. Les cigognes en rient encore.

Ces petits soucis ne me minaient pas. Ne doutant pas un seul instant de la victoire de l'armée française, j'avais un moral d'acier. La mobilisation était une nécessité. Puisqu'on en était arrivé là, il ne fallait pas reculer. Lorsque des armes datant de la fin du XIXe siècle nous furent distribuées, je restai confiant, persuadé que j'étais que les choses allaient s'arranger.

Il me fallut déchanter lorsque les Allemands entrèrent en France. Après la débâcle de Sedan, nous prîmes conscience de leur supériorité militaire. Ils avaient une armée motorisée extrêmement puissante, et étaient surtout préparés à une guerre éclair. Je me suis alors rendu compte de l'ignorance que nous avions eue des forces allemandes.

En Alsace, je retrouvai le capitaine Cantou que j'avais connu lieutenant et dont j'imitais l'accent du Midi. Je l'avais vu, plus ou moins éméché, dansant sur les tables. Après les manœuvres, de telles démonstrations chorégraphiques n'étaient pas rares.

Un jour de 1939, mon frère était venu nous visiter. Il avait fait vingt-cinq kilomètres à cheval. Les autres officiers qui étaient là lui dirent :

– Vous allez voir comme votre frère imite bien le capitaine Cantou.

Je m'exécutai en contrefaisant sa présentation des masques à gaz quelques jours auparavant :

– Comment utiliser le masque à gaz. Foutez-vous cet outil sur la gueule. Je ne dis pas sur la figure ou sur la face. Pour employer un terme militaire que tout le monde comprend, foutez-vous-le sur la gueule.

Cantou survint à ce moment-là et me lança :

– C'est bien, ce que vous faites. Vous voulez un morceau de chocolat en récompense ?

Il ne se fâcha pas, mais mon imitation gêna mon frère qui m'en voulut un peu.

Cantou et son adjudant furent mis à la retraite après avoir cédé à la panique à l'annonce d'une attaque de chars. Ils avaient foutu le camp derrière la ligne Maginot alors que nous étions en territoire allemand. Ce n'était pas de la couardise. Cantou avait fait la guerre de 14-18 et en avait gardé des séquelles – il avait été trépané.

Peu après ma mobilisation, nous nous battions déjà. Il y avait des contacts avec des groupes de reconnaissance et des groupes francs, et des combats avec les Allemands. On n'en parlait pas beaucoup dans les journaux, mais chaque soir, il y avait un accrochage et des échanges de coups de feu.

Mes rapports avec les hommes que j'avais sous mes ordres étaient simples, naturels. Nous aurions dû nous vouvoyer mais nous nous tutoyions. C'était pour la plupart des paysans. Je me souviens avec émotion du brigadier Lardan, horloger à Paris. C'était le roi des plaisanteries de garçon de bains, et surtout un garçon plein de bravoure, un type bien. Tout aussi courageux était le maréchal des logis Laurent qui fut blessé à la fin de la guerre.

J'eus l'occasion de faire des prisonniers. Un des avions ennemis était tombé à une quarantaine de kilomètres de nos lignes. Mon peloton étant de service ce jour-là, nous fûmes chargés de retrouver les survivants. Ils avaient traversé un ruisseau et s'étaient égaillés dans la nature. Nos artilleurs étaient furieux de ne pas les avoir capturés.

Nous partîmes à leur recherche. J'étais armé de mon revolver millésimé 1892 – dont j'avais les munitions. Mon adjudant m'avait passé cette arme, car la pétoire qu'on m'avait attribuée datait de 1870 ! Je ramassai un premier pansement, puis un deuxième. Nous retrouvâmes finalement la trace des Allemands.

Suivi par un fusil mitrailleur et des types qui avaient des mousquetons, j'arrivai sur eux et leur lançai :

– Qui va là ? *Wer ist da ?*

Je savais à peine deux ou trois mots d'allemand. Ils se mirent au garde-à-vous. Ils tremblaient sous la menace de mon antique revolver.

Nous repassâmes par la rivière que j'avais traversée une première fois en nageant presque. Tous les hommes de mon peloton avaient emprunté des petits ponts, ce que je fis au retour. Je tirai un coup de feu pour appeler mon lieutenant qui avait pris une autre direction.

Un des officiers allemands était *Oberleutnant*. Il y avait également deux sous-officiers et un autre sous-lieutenant qui était blessé. Nous les conduisîmes à notre général. En chemin, je remarquai une bosse dans la combinaison de l'officier que j'amenais dans mon side. Je lui avais donné du chocolat et des cigarettes. J'étais presque amical avec lui. Je lui demandai de me montrer ce qu'il cachait. C'était un Leica que je confisquai sans état d'âme. Pendant que je l'amenais au quartier général, il m'expliqua par signes l'exceptionnelle qualité de son appareil. Cette « prise de guerre » me servit beaucoup par la suite.

Afin de repérer les villages occupés par l'ennemi, nous partions en reconnaissance. Nous allions parfois occuper un village allemand que nous avions pris en ligne. Nous y passions la journée, mais nous rentrions chez nous le soir. Nous couchions dans nos positions, tandis que les Allemands restaient sur place. Le village était en Allemagne, mais il n'y avait plus de frontière. Nous allions d'un *no man's land* à un autre *no man's land*.

Le 13 juin 1940, nous étions dans une église où il y avait un harmonium. Je me mis à en jouer. Le capitaine d'escadron de Carrère – un homme admirable – me fit appeler et me donna l'ordre d'apporter un pli à un régiment, le 21ᵉ étranger, qu'on devait retrouver... et qu'on n'a jamais retrouvé bien entendu.

Accompagné du brigadier Lanellongue, j'enfourchai aussitôt mon side-car.

Quelques kilomètres plus loin, apercevant des chevaux dont les crinières et les queues étaient bien entretenues – ce qui n'était pas dans les habitudes de la cavalerie française –, je contournai le lieu où se trouvaient les animaux. Arrivant dans un village où il y avait des camions, je pensai :

– Voilà enfin le régiment que je cherchais.

Le brigadier hippo qui était dans mon side-car me détrompa :

– Bon sang ! Ce sont des camions boches ! Les vert-de-gris sont là.

Je coupai immédiatement les gaz. Dans mon élan, j'étais arrivé jusqu'à cette colonne de camions allemands. Pas un homme n'était visible.

Les soldats apparurent soudain alors que je faisais demi-tour. Ils commencèrent à tirer. Ça sifflait de partout. Je parvins à franchir un dos-d'âne et à disparaître de leur vue. J'eus alors conscience que je venais de m'en tirer d'une manière miraculeuse.

Dès mon retour au camp, j'allai rendre compte de ma mission au commandant de Rolland. J'eus la Croix de guerre avec une citation à l'ordre de l'Armée : « Sous-officier d'un moral à toute épreuve, détaché seul pour assurer la liaison avec une unité voisine, a réussi, bien que cerné par l'ennemi, à rejoindre son unité sous un feu violent en rapportant des renseignements importants. »

Si mon service militaire n'est pas du tout un souvenir agréable, la guerre ne m'a pas traumatisé. Je n'avais pas peur d'être tué. Il y avait une part d'inconscience chez moi. J'attachais une certaine importance au fait d'être guerrier. Le militaire professionnel est une personne aux idées carrées. Le guerrier, lui, s'adapte au chaud, au froid, au relief, à tout. Il ne marche pas au pas. Le militaire est un fonctionnaire, le guerrier un aventurier. Durant mon service, je n'avais fait que des choses conventionnelles. La guerre permet d'entreprendre des actions qui ne sont pas toutes dictées par des supérieurs.

Dans les Ardennes, nous occupions le bois du Mort-Homme situé sur un massif où se déroulèrent quelques-uns des combats les plus sanglants de la bataille de Verdun. Quand nous creusions des tranchées pour les abris, nous découvrions des dépôts de munitions qui dataient du temps des Anglais. Il n'y eut par miracle aucun accident.

Je couchais directement sur le sol. Comme abri j'avais des toiles de tentes réglementaires que j'avais boutonnées comme on doit le faire, bouton par bouton, avec beaucoup de précaution. C'était conçu à ma taille. J'avais juste la place pour me retourner, mais cela me convenait. J'étais remarquablement installé et surtout bien tranquille.

J'étais alors sous-officier adjoint. Sachant à la perfection tous les dialectes bovins, je liai connaissance avec une vache laitière qui devait nourrir un veau car elle était pleine de lait. Je l'attachai à un arbre et la transformai en débit de boisson. Grâce à cette vache nous eûmes du lait frais chaque matin. À notre départ, nous la relâchâmes et j'échangeai avec elle quelques meuglements d'adieu.

Au front, nous nous nourrissions de bœuf bouilli et de légumes – pommes de terre et haricots. Lorsque les Allemands commencèrent à progresser, nous fûmes obligés de nous procurer notre nourriture. Les maisons avaient été désertées par leurs occupants. Nous allions dans les jardins glaner notre pitance.

Nous avions récupéré un four chez un boulanger et, avec la farine, nous faisions notre propre pain. Je dus me rendre du côté du 123e où mon frère était médecin au 2e bataillon. Je décidai de lui porter une miche fraîche dont il ne vit jamais la couleur, ayant fait un sort en chemin à ce pain délicieux.

En juin 1940, le moral des troupes était au plus bas. Un semblant d'espoir naquit le jour où, grâce au commandant de Rolland qui avait des appuis à l'état-major, nous allâmes chercher des motos à Montlhéry. Arrivés sur place, nous nous retrouvâmes face à des Indians 1 400 cm³, grosses motos américaines qui, bien que peintes en kaki, n'étaient pas adaptées à la guerre. Elles étaient difficiles à conduire, avec la poignée des gaz inversée. Leur suspension était différente de celles que nous connaissions. Il y avait un ressort à lames sur la roue avant. Le changement de vitesses était compliqué. J'étais le seul dans l'escadron à pouvoir faire un demi-tour sur place, manœuvre qui m'avait été si utile face aux Allemands. Bref, l'alliance contre nature de la cavalerie et des Indians fut éphémère.

Quelques jours plus tard, engagés dans une action retardatrice, nous nous battions dans un bois. Complètement épuisés, nous cédions de plus en plus de terrain. Notre stock de cartouches et de grenades s'épuisait. Nous sentions que la fin était proche et, lorsque la Wehrmacht nous encercla, nous comprîmes que l'alternative était simple : se rendre ou se battre. Nous décidâmes de vivre.

Lorsque survinrent la débâcle et la reddition de Pétain, j'éprouvai un certain soulagement à ce que les combats cessent. Je pensais à mon frère dont je n'avais pas de nouvelles du tout. J'ignorais même s'il était encore en vie. Au milieu du chaos, je restais égal à moi-même, rêveur et neutre.

Après notre reddition, les Allemands nous indiquèrent la direction à prendre. Au bout d'une vingtaine de kilomètres, nous arrivâmes dans un camp à Pont-Saint-Vincent, un des forts du grand Couronné de Nancy, où étaient regroupés environ vingt mille prisonniers. À demi morts de fatigue et de faim, nous ne ressentions plus rien.

Je restai prisonnier une vingtaine de jours. L'atmosphère du camp rappelait celle de *La Grande Illusion*. Certains prisonniers commençaient à répéter des pièces de théâtre comme dans le film de Renoir. La signature de l'Armistice les avait plutôt tranquillisés. L'espoir renaissait.

Je rencontrai un dentiste qui avait été dans le même régiment d'infanterie que mon frère. Il me rassura :

– Ton frère a disparu depuis le 16 juin. Ne t'inquiète pas, il est sûrement prisonnier.

André était proposé pour la Légion d'honneur et la Croix de guerre.

Après avoir perdu sa trace pendant un mois et demi, j'appris qu'il était captif à Fresnes-en-Bois. Volontaire pour soigner les civils, il avait été reçu par le maire qui mit une maison à sa disposition. Une bonne lui faisait la cuisine.

6

Retour à la vie

Avant-guerre, j'avais suivi un stage comme conducteur de locomotive à l'Union civique de la Compagnie du Midi. Elle fut intégrée plus tard à la SNCF. Alors qu'il était en philo ou en première année de médecine, mon frère avait fait un de ces stages et adoré conduire une locomotive. Piqué par l'aiguillon de la curiosité, j'avais suivi l'exemple d'André.

Il fallait d'abord se soumettre à l'examen médical très sévère que passaient les professionnels. Si l'on était déclaré apte au service, on devait étudier sérieusement l'anatomie de la locomotive et se familiariser avec les signaux.

J'avais ensuite appris à prendre une locomotive à la rotonde, à allumer le feu et à démarrer. Conduire une loco, C'était prodigieux pour un garçon de dix-neuf ans. Avec l'argent gagné en effectuant mon stage, je m'étais offert une moto.

Après ma démobilisation, je reçus un ordre de mission des Allemands qui m'avaient libéré comme cheminot. Mes papiers en poche, j'allai à la gendarmerie de Bordeaux. Les gendarmes – des Alsaciens – me dirent :

– C'est absolument illégal, ce que vous avez fait. Il faut retourner à votre camp de prisonniers, car vous n'êtes pas un cheminot professionnel.

La seule réponse qui me vint à l'esprit fut :

– Je ne suis pas en tenue. Il faut que je me change.

Afin de me faire libérer, je pris un train pour Saint-Étienne-de-Baïgorry, le village où mon frère exerçait comme généraliste. Les gendarmes basques me démobilisèrent tout de suite.

Le retour à la vie civile fut difficile, mais, grâce à Mademoiselle Mouesca, la propriétaire de la maison qu'occupait mon frère, je pus me nourrir correctement. Elle habitait sur la place de Saint-Étienne-de-Baïgorry, juste devant l'église, et tenait un commerce où elle vendait de tout. Les âmes pieuses pouvaient lui acheter des chapelets, mais elle était aussi capable de vous trouver un jambon si vous aviez de quoi payer.

Au bout de quelques semaines, je retournai vivre dans notre maison de Bordeaux. Je fis des provisions de riz, un aliment auquel j'avais pris goût en fréquentant les restaurants chinois de Paris. Ma mère se trouvant chez ma sœur, à Barèges, je vécus seul pendant quelque temps. Des mois de malnutrition m'avaient miné la santé et un médecin me fit des piqûres de calcium, seul rempart contre la tuberculose.

Mon état de santé s'améliora rapidement et je pris bientôt la décision de retourner à Paris où Dullin continuait à travailler.

En 1938, le magicien de la place Dancourt m'avait dit :

– L'année prochaine, tu joueras avec moi.

Fou de joie, j'avais écrit une lettre enthousiaste à ma mère :

– Tu vois, on ne s'est pas trompé.

Il me fallut pourtant attendre trois ans avant de donner la réplique à Dullin.

Mon voyage de retour vers Paris dura plusieurs jours. Ce fut un périple difficile et long en raison des destructions des voies ferrées.

Je retrouvai l'appartement de la rue Chappe. Situé au septième étage, il m'avait été cédé par Madeleine Robinson. Elle habitait depuis sur l'autre versant de Montmartre. J'étais sur le versant qui domine la gare d'Orsay et le donjon de Vincennes.

Mon appartement se composait d'une entrée, d'un studio, d'une cuisine, et surtout d'un balcon avec une vue exceptionnelle sur Paris. Mes camarades étaient étonnés par le standing que j'avais à ce moment-là. Après mon mariage, en 1947, je continuai à y vivre avec ma femme. À la naissance de notre fille, en 1954, nous déménageâmes boulevard Saint-Michel.

En ce temps-là, Montmartre était le lieu de rencontres insolites. Un jour, en me promenant du côté de la place du Tertre avec Roger Blin, nous avons rencontré l'extraordinaire Le Vigan qui m'a demandé :

– Comment peut-on avoir une barbe aussi joliment taillée ? Useriez-vous d'un pochoir ?

Je fus honoré de cette rencontre fortuite avec un des acteurs que j'admirais le plus.

Pendant l'Occupation, nous étions torturés par la faim. Il y avait un épicier russe, rue Chappe, qui savait que nous étions sous-alimentés. Il était compréhensif et nous aidait beaucoup en nous procurant de quoi survivre. Sa fille prenait des cours de danse à l'Opéra et il aimait les artistes.

Rue d'Orsel, près de l'Atelier, nous fréquentions un restaurant qui s'appelait Chez Tourenne. On avait baptisé la mère Tourenne « l'Empoisonneuse ». Dullin la surnommait « la Borgia », mais elle était gentille et généreuse avec les comédiens qui, la plupart du temps, mangeaient à crédit. Sa serveuse nous donnait des faux tickets d'alimentation.

Des restaurants parisiens comme Lasserre étaient interdits à des bourses plates. Rue de la Huchette se trouvait El Jazaïr, un restaurant arabe, où l'on pouvait manger à peu près correctement. Rue Monsieur-le-Prince, j'allais au Hoggar. J'y ai entendu Madeleine Robinson chanter *Mon légionnaire* devant les clients arabes.

Pour travailler, les comédiens avaient besoin d'une autorisation. J'étais élève chez Dullin, rien de plus. L'argent était rare et certains jours je n'avais pas de quoi me payer le métro.

Les salles n'étaient pas chauffées l'hiver. Il y avait des restrictions d'électricité. À chaque alerte, c'était l'obscurité complète. On pouvait circuler en métro ou, faute de taxis, prendre son vélo.

Suite aux restrictions de papier, les programmes des théâtres étaient minuscules. J'ai encore celui du *Misanthrope et l'Auvergnat* que Dullin avait monté en 1943, en même temps que *La Volupté de l'honneur*. Cette pièce-là s'est jouée d'une manière presque confidentielle. Le théâtre Sarah-Bernhardt était loin d'être plein. Pourtant Dullin y était d'une grande vérité, plein d'humour et d'imagination. C'était comique par moments et tragique l'instant d'après. Pirandello aurait aimé.

En novembre 1941, mon frère fut arrêté par la police allemande à Saint-Étienne-de-Baïgorry. Il faisait passer la frontière espagnole à des résistants traqués – dont un certain nombre envoyés par moi –, et fut dénoncé par un jeune Belge qui, inquiété pour avoir distribué des tracts anti-allemands à Bruxelles, avait tenté de passer en Espagne.

Je fus mis au courant de l'arrestation d'André par sa propriétaire. Emprisonné d'abord à Biarritz, il fut transféré à Fresnes où il passa plusieurs mois à l'isolement.

Deux de mes camarades de chez Dullin allaient visiter des prisonniers à Fresnes. Elles m'apprirent qu'il était possible de leur faire passer du linge.

Je préparai un sac contenant des couvertures et des oranges. En rendant son linge sale, André put me transmettre un bref message. À l'aide d'un clou ramassé dans sa cellule, il avait perforé le papier d'emballage des fruits pour y graver quelques mots.

Si vous décalottez le sommet d'une orange entière, vous apercevrez une petite fente qui se fait automatiquement. J'avais la place d'introduire dans les fruits des messages assez brefs, rédigés dans une langue de mon invention qui pouvait faire penser à du grec. Le contenu de cette correspondance était sommaire, mais André et moi arrivions à échanger des nouvelles.

Au bout de deux mois, je réussis à le faire libérer. Dans mon immeuble de la rue Chappe, j'avais pour voisin un peintre nommé Harden qui vivait au rez-de-chaussée. Je lui avais laissé ma cave et il m'en était reconnaissant. Il recevait des officiers allemands haut placés. Madame Dutillheul, notre concierge, lui avait dit que mon frère était à Fresnes. Il me demanda de lui expliquer ce qu'André avait fait de répréhensible et conclut :

– Ça ne me paraît pas très grave. Votre frère ne faisait pas de propagande anti-allemande.

Harden intercéda pour mon frère auprès de ses puissants amis, et André fut remis en liberté.

Grâce à la prière et à la méditation, André n'avait jamais perdu espoir. Il le raconta dans son livre *Docteur, un cheval vous attend* : « Je ne peux dire, à la fin de ce terrible isolement, qu'une journée m'ait paru longue ou vaine. La continuelle méditation sur le sens profond et éternel de certains mots dits et redits, de certaines prières apprises encore tout enfant de mes parents, prenait d'un coup une valeur et un retentissement que les prisonniers, les saints ou les moines ont pu ressentir. Traduire en vérités troublantes qui le concernent des mots articulés jusqu'alors sans conviction, c'est la vraie prière de l'homme recueilli. »

Pour distraire leurs soldats hospitalisés, les Allemands avaient ouvert à Paris un centre de télévision dans un ancien music-hall. Le Magic City était situé dans le 7e arrondissement, rue de l'Université. Les locaux s'avérant trop étroits, on annexa la pension de famille voisine, dans un immeuble de la rue Cognacq-Jay.

L'année suivante, mon ami Pierre Latour, qui travaillait à la télévision, me demanda de le rejoindre.

J'avais fait sa connaissance à l'époque où il était élève chez Dullin. Ce fut la première personne que je rencontrai à l'Atelier. J'eus immédiatement de l'admiration pour lui. Il était d'Agen et moi de Bègles. Nous étions donc plus ou moins du même pays et connaissions l'accent de la région que j'ai d'ailleurs peu imité. Dullin avait dit à Latour :

– Vous avez un petit accent du Sud-Ouest. Où êtes-vous né ?

– À Agen.

– Et vous y avez habité longtemps ?

– Oui. Je n'ai quitté ma bonne ville natale qu'à l'âge de trois mois.

Né en 1907, Latour avait un parcours professionnel « à l'américaine ». Il commença à travailler à l'âge de quinze ans comme apprenti outilleur aux usines Alcyon. Après son service militaire, il fut employé de bureau et ficeleur aux journaux *Paris-Soir* et *L'Intransigeant*. Il collabora également à *France-Soir* où il écrivit des articles pour la rubrique des chiens écrasés.

Latour, bon public, aimait m'entendre parler « paysan ». Nous avons passé ensemble des soirées entières et bien des dimanches. Il habitait dans un atelier rue Daguerre et avait alors pour voisin de palier le peintre Claude Venard.

Dans la rue, un marchand de soupe avait pour clients les célibataires du quartier. Pierre et moi achetions une soupe et montions la manger chez lui avant d'aller voir un film dans un cinéma de quartier.

En 1953, Latour créa le rôle d'Estragon d'*En atten-*

dant Godot. Pressenti pour jouer ce personnage, je m'étais retiré du projet dès la fin des répétitions de la première partie, car la mise en scène de Blin me paraissait trop sombre.

Cinq ans plus tard, Latour renonça à la carrière d'acteur et s'installa dans le Midi pour se consacrer à l'écriture de romans policiers. Son premier, *Le Dingue*, fut publié en 1960, sous le pseudonyme d'Arthur Minville dans la « Série noire » et reçut un excellent accueil. Après avoir donné un deuxième manuscrit à Gallimard, *Accidenti*, il changea d'éditeur et fit les beaux jours de la collection « Spécial police » du Fleuve noir. Il y publia trente et un romans entre 1967 et 1975, année de sa mort.

J'allais à la messe le dimanche matin. Latour était complètement athée. Mais nous nous estimions et nous comprenions.

Mes premiers contacts avec la télévision m'amenèrent à travailler avec Pippo et Rhum, deux clowns qui parlaient toutes les langues. J'incarnais des personnages passe-partout et peu mémorables. Dans un registre rappelant le cabaret, je jouai par exemple un être très fruste qui découvrait la civilisation. Il n'avait aucune éducation. Il voyait tout pour la première fois : les fourchettes, les assiettes.

C'était une télévision en direct, réalisée avec des caméras très lourdes, devant un public réuni dans un amphithéâtre. Un nouveau médium artisanal et presque amateur.

Latour et moi avions créé un théâtre d'ombres chinoises dont j'avais découpé les personnages dans du carton noir. Nous les placions ensuite à contre-jour devant un écran blanc. Notre metteur en scène était Léon Smet, le père du futur Johnny Hallyday que j'ai connu au berceau. Smet était une personnalité singulière, un homme de grand talent sous la direction de qui j'avais joué avant-guerre une scène de *Hop Signor !* de Michel de Ghelderode, à l'ambassade de Belgique. Son alcoolisme l'empêcha de faire la carrière qu'il méritait.

Pendant l'Occupation, je me rendais une fois par semaine à l'Académie de la Grande Chaumière, à Montparnasse. J'avais déjà sculpté en amateur. Je pratiquais la taille directe. Mes sources d'inspiration étaient essentiellement religieuses. J'avais notamment représenté des moines à leur fenêtre contemplant placidement l'Éternité. Une de mes œuvres fut exposée dans un jardin public de Bordeaux. Il s'agissait d'une tête de Christ aux reliefs nets et aux angles vifs. Elle est tombée, et le nez et le menton, assez proéminents, se sont cassés. Je l'ai complètement restaurée en arrangeant le profil et en remodelant la courbure de la barbe.

À la Grande Chaumière, j'eus pour professeurs Charles Despiau, disciple et ancien collaborateur de Rodin, qualifié par Anatole de Monzie de « Donatello français », et Robert Wlérick, qui se dédia tout entier à son art et mourut de privations et de fatigue en mars 1944.

Impressionnée par mon travail, une élève se rendit un jour dans un autre atelier et invita un sculpteur de ses amis nommé Latorre : « Viens voir, il y a un type qui sort du lot. Il a complètement transformé le modèle. » J'avais fait des pieds énormes, de vrais piliers, à ma statue. Je l'avais bâtie comme on bâtit une maison, avec des contreforts. La poitrine et les bras étaient plutôt amoindris et la coiffure était différente de celle de la jeune femme qui posait pour nous. Fidèle à ma manière, j'avais essayé de transformer la nature.

Latorre fut enthousiasmé par mon œuvre et je sympathisai immédiatement avec cet Espagnol, vétéran de la Guerre civile dans les rangs républicains, qui devint un de mes plus chers amis.

En juin 1944, peu de temps après le débarquement en Normandie, je jouais à la salle Iéna un spectacle d'après une pièce d'Henri Ghéon. Latour et Gilberte Terbois étaient mes partenaires. Les alertes incessantes interrompaient les représentations et nous dûmes bientôt baisser le rideau. Définitivement.

J'enfourchai ma bicyclette pour rejoindre mon frère à Saint-Étienne-de-Baïgorry. Aux environs de Saintes, je fus arrêté par une patrouille allemande. Les soldats épluchèrent mes papiers et me fouillèrent. Ils découvrirent une boussole, un objet dangereux pour eux. L'outil pouvait laisser penser que je faisais partie de la Résistance. Heureusement, un des soldats avait été soigné par mon frère et confirma mes dires. J'arrivai sans encombre chez André et pus soustraire mon vélo à la convoitise de l'ennemi. L'armée conquérante dont les chars flambant neufs avaient semé la panique parmi nos troupes en 1940 s'enfuyait piteusement sur des vieilles bicyclettes.

7

Les planches brûlées

J'ai fait mes vrais débuts professionnels avec la compagnie des Quatre Saisons, à l'occasion des fêtes du cinquantenaire de la tour Eiffel, en 1939, sous le chapiteau du cirque Fanny. J'étais Carle dans *Le Médecin volant* et l'avocat des *Fourberies de Scapin*. Jean Dasté mettait en scène et jouait Scapin.

Fondée en novembre 1936 par André Barsacq, Jean Dasté et Maurice Jacquemont, le théâtre des Quatre Saisons était alors une jeune troupe prometteuse qui revenait d'une tournée en Amérique. Elle avait joué Molière à New York.

Au cours d'une audition, je fis la connaissance de Svetlana Pitoëff, Michel Vitold, André Schlesser – que je retrouverais au cabaret et chez Vilar –, René Dupuy qui dirigea un certain temps le théâtre Gramont…

Barsacq, Dasté et Jacquemont assistaient à mon audition. Jacquemont riait aux éclats en voyant ma scène, ce qui était encourageant. Il demanda à Barsacq de m'intégrer à leur troupe et il fut question que je parte en tournée avec eux, mais je venais d'être engagé aux studios de la Victorine pour jouer dans mon premier film, *Le Corsaire*.

Un an plus tard, je retrouvais Jacquemont dans le camp de Pont-Saint-Vincent où nous étions en captivité. Nous nous racontâmes nos guerres respectives.

Admirateur de Jacques Copeau et ancien membre des Comédiens routiers de Léon Chancerel, Jacquemont avait débuté dans la mise en scène en 1933 et avait créé notamment *Le Bal des voleurs* d'Anouilh. Il fut, de 1944 à 1972, le directeur du Studio des Champs-Élysées où il monta García Lorca et Ionesco.

Jean-Louis Trintignant, qui interpréta à deux reprises *Hamlet* sous la direction de Jacquemont, a tracé ce beau portrait de son metteur en scène : « Quand je l'ai connu, j'avais renoncé à être comédien. Il m'a mis en scène dans *Hamlet*. Pendant des mois, il m'a nourri de sa culture, de son intelligence, de sa folie. Après m'avoir fait travailler le même monologue pendant plusieurs jours, il m'a dit : "Tu as tout compris, c'est tellement beau que je t'ai entendu parler anglais." Ni lui ni moi ne comprenons l'anglais [1]. »

Les 5 et 6 juillet 1941, je participai à un spectacle intitulé *800 Mètres*, aux côtés de Jean-Louis Barrault – qui mettait également en scène –, Pierre Cressoy, Jean Marais, Louis Jourdan, Georges Marchal, Alain Cuny, Mouloudji, Roger Pigaut, Marie-Hélène Dasté. Le spectacle, monté au profit du Secours national, était

1. *Un homme à sa fenêtre*, éd. Jean-Claude Simoën, 1977.

le récit d'un 800 mètres. Nous jouions en plein air. Le stade Roland-Garros était plein.

Ce fut une expérience épuisante, car nous nous étions entraînés à faire les vrais 800 mètres. Nous fîmes ensuite des parcours sur place. Nous nous arrêtions parfois, et Fernand Ledoux – qui était le récitant – commentait l'action et exposait les pensées des personnages. Je jouais l'homme du Sud, un rôle assez insignifiant qui relevait plutôt de la figuration intelligente.

J'avais rencontré Barrault à l'EPJD (Éducation par le jeu dramatique), où nous étions tous deux professeurs. Jean-Marie Conty, qui était le directeur-fondateur de l'école, m'avait demandé de donner des cours d'improvisation. Conty était un monsieur très brillant qui avait été reçu premier à Polytechnique. À l'époque héroïque de la création de l'Aéropostale, il fut un des compagnons de Mermoz qu'il accompagna en Espagne et au Maroc pour y acheter des terrains. Tsilla Chelton, Françoise Bertin, Pascale de Boysson et Catherine Le Couey comptèrent parmi mes élèves les plus douées.

Mon enseignement à l'EPJD avait pour modèle les cours d'improvisation que j'avais suivis chez Dullin, mais je proposais aux élèves des sujets assez particuliers. Un exemple ? « Vous êtes dans une cabane perdue en pleine montagne et soudain vous entendez des bruits de pas qui se rapprochent puis s'arrêtent. Vous commencez à vous demander quel peut bien être l'éventuel visiteur. La peur vous gagne peu à peu, puis brusquement vous entendez les pas s'éloigner de votre refuge. Vous restez seul, prisonnier du silence. »

Je devais monter *Cendrillon* avec tous les personnages : les méchantes sœurs, la marâtre, le prince charmant, les souris qui conduisent le carrosse… Mais on me proposa un rôle intéressant et ma carrière de metteur en scène s'arrêta là. J'avais travaillé certaines scènes avec les élèves qui purent monter la pièce. Ce fut un beau spectacle représenté dans le local de l'EPJD.

En 1942, Jean-Marie Conty, devenu le directeur d'une école où étaient formés les futurs cadres de Pétain, fit appel à moi pour y donner des cours d'expression corporelle et de maintien. Pendant un an environ, je pris le train gare du Nord pour me rendre une ou deux fois par semaine dans un château des environs de Paris où planchaient la plupart de ceux qui aspiraient à décrocher un portefeuille dans le gouvernement de Vichy. J'y allais parfois avec Mouloudji qui ramassait des betteraves sur la route pour les faire bouillir et les manger.

Jean-Louis Barrault, qui supervisait certains cours de l'école, avait inventé le terme de « point baladeur de concentration ». C'était un centre de gravité qui descendait le long de la colonne vertébrale.

Bien plus tard, je rencontrai dans la rue un de mes anciens élèves qui était devenu directeur de la revue catholique *Una voce*. Il me reconnut et me rappela les cours que je lui avais donnés et notamment ceux faisant appel au fameux point baladeur de concentration.

Les univers de Dullin et Barsacq n'étaient pas du tout les mêmes – Barsacq envisageait la mise en scène de son point de vue de décorateur –, mais les rapports entre les deux hommes étaient très cordiaux et amicaux puisque Barsacq avait fait les décors de *Volpone*. Et Barsacq eut la révélation du théâtre en assistant, en 1923, à une représentation de l'*Antigone* de Cocteau montée par Dullin. Plus tard, il décrivit précisément le choc qu'il avait ressenti : « Ce fut le coup de foudre ! Je me jurais qu'un jour, moi aussi, je passerais de l'autre côté de la rampe pour participer à la réalisation de ce monde étrange et merveilleux qui m'était soudainement révélé[1]. »

Après m'avoir vu mis en scène par Jacquemont en saint Pierre dans *Les Gueux au Paradis*, de G.M. Martens, Jean Davy suggéra à Barsacq de me prendre pour le rôle de Smerdiakov. Hébertot me convoqua dans son théâtre pour je ne sais plus quelle pièce et me demanda le rôle que j'aimerais jouer dans l'absolu. Je répondis sans hésiter :

– Ce qui me plairait beaucoup, ce serait de jouer Smerdiakov des *Frères Karamazov*.

Le soir même, j'allai chercher Suzanne Flon qui jouait deux pièces à l'Atelier, *L'Enterrement*, d'Henri Monnier, mis en scène par Jean Dasté, dans lequel elle incarnait une bonne un peu bécasse, et *Antigone*, d'Anouilh. Barsacq m'aperçut et me demanda de le suivre dans une loge :

– Est-ce que cela vous plairait de jouer Smerdiakov ?

Je tombai des nues ! Je lui répondis que j'en parlais tout le temps et que je ne rêvais que de ça. Ayant lu

1. « Mes débuts à l'Atelier », in *Les Cahiers de la Compagnie Madeleine Renaud-Jean-Louis Barrault*, n° 9, 1955.

l'adaptation du roman par Copeau en 1911, j'avais déjà travaillé quelques scènes pour moi-même.

Smerdiakov avait révélé Dullin au théâtre. Il m'importait de réussir ce personnage, car il marquait mon passage de personnages secondaires à un rôle important. C'était une ouverture sur le théâtre tel qu'on l'imagine quand on commence à faire ce métier. Une chance rare.

J'avais dit à Dullin que Smerdiakov était un personnage difficile et très particulier. Il avait des crises d'épilepsie. Il était physiquement inquiétant avec sa démarche singulière, son comportement anormal. Il se situait à l'écart de la famille puisqu'il était le fils d'une servante et du père Karamazov. C'était à la fois un personnage repoussant au premier abord par son physique et la bassesse de ses actes, et en même temps un humilié, un offensé et un révolté qui avait une certaine admiration pour son frère Ivan.

J'eus de bonnes critiques pour Smerdiakov, sauf de la part de Jean-Jacques Gautier. Barsacq m'a expliqué par la suite que Gautier avait perdu ses gants et les avait cherchés pendant tout le cinquième acte, qui était le plus important pour moi ! Par la suite, il me fit des critiques très élogieuses. Merci, monsieur Gautier !

Copeau avait assisté à une représentation et dit à son épouse que l'interprétation des *Frères Karamazov* était « dominée de très haut par Casarès et Dufilho, ce dernier extraordinaire au cinquième acte ». C'était le summum du compliment.

J'eus de bonnes relations avec Michel Auclair pendant *Les Frères Karamazov*. Il avait beaucoup d'humour. Pendant les entractes ou entre les scènes, j'imitais la voix d'un maquignon qui s'appelait Duffard et Auclair me répondait en imitant mon accent gascon.

Je suis resté longtemps habité par ce personnage, et j'ai joué Smerdiakov dans d'autres rôles. On se débarrasse la plupart du temps de son personnage en sortant du théâtre, mais Smerdiakov m'accompagna longtemps. Un tel compagnonnage peut être encombrant. Je me disais parfois : « Là, je fais Smerdiakov. Ce n'est pas bien. » Cela m'est aussi arrivé avec le personnage de Davies, dans *Le Gardien* de Pinter. Comment éviter les pièges tendus par ces personnages tyrans qui semblent vouloir s'emparer de l'âme de leur interprète ? Dullin connaissait ce risque : « Combien d'acteurs n'a-t-on pas vus dépouillés de leur personnalité par un personnage qu'ils avaient trop bien incarné ? J'en ai connu un qui s'était fait voler sa personnalité par le Commandeur de *Dom Juan*, et qui restait "l'Homme de pierre" dans tous ses rôles et dans sa vie privée. »

Barsacq m'avait accepté avec une certaine méfiance. J'étais inconnu. Même avec mon physique qui pouvait être un atout, c'était hardi de sa part. Il m'a par la suite écrit une dédicace sur un programme de l'époque où il disait que je l'avais agréablement surpris en Smerdiakov.

Cela m'avait paru naturel de jouer le rôle. Naturel ne signifie pas sans efforts. J'avais beaucoup répété et pensais au rôle en marchant dans la rue ou chez moi.

Dullin ayant créé Smerdiakov, je lui demandai des conseils pour certaines des scènes. Cela m'était précieux.

Je dois beaucoup à mon partenaire Michel Vitold qui m'a appris à être sincère avant tout. Il appliquait l'enseignement de Dullin qui poussait ses élèves à vivre et non à jouer le personnage : « Quand tu verras bien tous tes personnages, qu'ils te seront devenus familiers, apprends d'eux ce qu'il faut faire… Ils t'imposeront les mouvements qui conviennent le mieux à leur état d'âme ; ils régleront leur vie extérieure d'après leur nature et leur sentiment. »

Vitold m'a fait comprendre la nécessité de s'approprier les mots du personnage, afin d'être conduit par lui. Il répétait inlassablement son texte. Tout le monde le connaissait car il le rabâchait : « Qu'il pourrisse au bagne ! Qu'il pourrisse… » Sentant que cela manquait de sincérité, il se reprenait jusqu'à ce que sa réplique sonne juste. Il cherchait son personnage jusqu'à atteindre l'authenticité la plus absolue.

Pour Smerdiakov, certains critiques écrivirent que ma place était au Français. Ce fut lettre morte. La Comédie-Française ne m'a jamais sollicité.

Par la suite, j'ai souvent incarné des personnages humbles et dominés comme dans *Le Gardien* de Pinter. L'issue de ces pièces est souvent tragique. Ce n'était pas une fatalité, mais plus ou moins le fruit du hasard. Les metteurs en scène se souvenaient peut-être de mon Smerdiakov.

En 1951, je retrouvai André Barsacq et créai avec lui *Colombe* d'Anouilh. Marie Ventura – une actrice du Français d'origine roumaine dont personne n'avait oublié le triomphe dans *Phèdre* – jouait Madame Alexandra, un personnage inspiré de Sarah Bernhardt.

J'étais La Surette, le secrétaire haineux et hypocrite de la grande actrice vieillissante.

Quarante-cinq ans après la création, j'ai repris en 1996 le rôle de La Surette dans une mise en scène de Michel Fagadau. Certaines scènes avaient été rajoutées par Anouilh qui pensait peut-être qu'autrefois j'aurais été trop jeune pour les jouer. Madame Alexandra était interprétée par Geneviève Casile au Studio des Champs-Élysées et par Geneviève Page en tournée.

Jacques Audiberti est l'auteur que j'ai rencontré le plus souvent. Nous allions au restaurant chinois et il m'a écrit des lettres qui se terminaient en pseudo-chinois. C'était presque des blagues. Nous avions cet humour-là en commun.

La fréquentation régulière des univers d'Aymé, Salacrou, Audiberti ou Anouilh – pour ne citer que ces contemporains – ne me dispensait pas d'approcher chacune de leurs œuvres d'une façon nouvelle. À chaque pièce, c'était différent. J'essayais d'oublier la précédente. Je tournais la page.

Certains dramaturges n'ont pas voulu de moi. Je me souviens d'une pièce qui s'intitulait *La Lumière devant l'icône*, créée en 1943 au Théâtre de Poche Montparnasse. Andrée Clément jouait ce texte mis en scène par Vandéric, et l'auteur, une femme du nom de Claude Quinard, refusa de m'intégrer à la distribution. Au bout d'une dizaine de répétitions, elle s'était rendu compte que j'étais à côté du rôle. C'est elle qui avait raison. De toute façon, quand le comédien est désavoué par l'auteur, tout ce qu'il peut dire se retournera contre lui. L'auteur ne peut pas avoir tort ou, plus exactement, il bénéficie d'un droit à l'erreur qui est refusé à l'acteur.

En 1954, je jouais *La Condition humaine* au théâtre Hébertot, dans une adaptation de Thierry Maulnier. La mise en scène était de Marcelle Tassencourt, son épouse. J'étais un ancien boxeur, Emmelrich. Mon physique nuisait à la crédibilité du personnage. Roger Hanin partageait l'affiche avec moi.

Malraux fut surtout frappé par la performance de Gérard Buhr. Buhr avait fait partie de mon groupe de reconnaissance pendant la guerre. Il était alsacien et parlait parfaitement l'allemand, ce qui lui valut d'interpréter un grand nombre de nazis à l'écran. Nous l'appelions « Bugatti » car il était un des filleuls d'Ettore.

Marcelle Tassencourt me mit également en scène dans *La Nuit romaine*. Claude Génia, qui interprétait le rôle principal, était fatiguée. Tassencourt lui conseilla de se faire prescrire des piqûres de calcium. Lors d'une injection, l'aiguille se cassa et Claude Génia garda cet hôte parasite et douloureux dans la fesse. Elle s'asseyait avec beaucoup de difficultés.

Dans *La Nuit romaine*, j'étais son confident. Je la protégeais tout en étant materné par elle. En la prenant par la taille, je faisais attention de ne pas lui faire mal. Avec le temps, l'objet dut se calcifier, et lorsque je retrouvai Claude Génia dans *Pourquoi pas vamos ?*, je m'abstins de lui demander des nouvelles de son aiguille.

J'ai créé en 1961 au théâtre La Bruyère une pièce de Jean Vauthier, *Le Rêveur*. L'auteur était un personnage difficile qui aimait à poser à l'artiste maudit. Ses rapports avec le metteur en scène Georges Vitaly ne furent pas simples. Vauthier intervenait tout le temps. Il était inquiet du résultat qui lui semblait toujours inférieur à ce qu'il souhaitait.

Dans la pièce, Georges, un jeune homme interprété par Claude Nicot, rendait visite à Laurette et Simon, un couple d'amis, incarnés par Monique Delaroche et moi-même. Il contait à ses hôtes le rêve qu'il avait fait la veille. Simon, un producteur de radio enthousiasmé par son travail, essayait de s'emparer du rêve de son ami et lui faisait subir de notables changements afin de l'adapter sur les ondes.

Pour moi, la pièce tombait mal. J'allais quitter Vitaly pour retrouver Barsacq. *Les Maxibules* étaient une pièce tellement importante que rien d'autre ne comptait.

Il est arrivé que certains auteurs, comme Audiberti, écrivent en pensant à moi. Marcel Aymé a composé une partie des *Maxibules* en se souvenant de ce que j'avais fait au cabaret.

Jacques Duby devait jouer *Les Maxibules* mais il n'était pas libre. Barsacq fit alors appel à moi.

Les Maxibules furent tout de suite un triomphe et nous les jouâmes à guichets fermés. Le public des Bouffes-Parisiens m'admit immédiatement. J'étais Bordeur, un acteur de complément qui donnait la réplique aux autres comédiens de la pièce en interprétant une multitude de personnages, hommes et femmes, et cela en gardant le même costume. J'étais vêtu d'un uniforme de hussard d'avant 1914, bleu et rouge.

Au début de la pièce, le metteur en scène s'adressait à moi : « Bordeur, montez sur scène et dites-moi

“Mon père, ce héros au sourire si doux…” » Et moi de m’exécuter. Je jouais environ trente-cinq personnages, tous très typés. Par exemple, la maîtresse du secrétaire de Claude Nicot qui faisait le directeur de l’usine. J’avais donné à cette jeune femme un accent déformant certaines syllabes : « Mon zéri, mon zéri ! »

À la fin de la pièce, Bordeur incarne le personnage d’un petit vieux rencontré dans la montagne. Un soir, ma fille, alors âgée de sept ans, assista à la représentation et fondit en larmes à la vue de son père métamorphosé en vieillard :

– C’est affreux. Il ne sera plus jamais comme avant.

Une mésaventure entache le souvenir merveilleux que je garde des *Maxibules*. À Neuchâtel, juste avant le lever de rideau, j’allai dans ma salle de bains pour me raser et j’eus une sorte de trou de mémoire. C’était effrayant. Je pensais : « Qu’est-ce que je fais ? Où suis-je ? » J’arrivai affolé au théâtre. Mes camarades crurent que je blaguais quand je leur affirmai que j’avais oublié mes répliques. Le rideau se leva. J’avais une brochure à portée de main dans les coulisses. Assez vite, je commençai à me rappeler vaguement le texte sans pour autant me remémorer la succession des scènes. Mes partenaires s’en rendirent compte quand à l’enterrement, où je faisais tous les personnages, j’en oubliai un.

Le drame était sans doute lié à l’aération de l’hôtel. Il se peut qu’il y ait eu un problème de climatisation qui provoqua chez moi une sorte d’empoisonnement.

J’ai rejoué plus tard *Les Maxibules* avec des comédiens argentins. La pièce était mise en scène par une

Madame Richard dont le mari était le représentant de la maison Peugeot. J'avais une Peugeot à ma disposition et j'étais invité en Argentine où j'aurais pu aller retrouver mon cousin – le fils de mon parrain médecin à Oloron-Sainte-Marie – qui s'était fixé là-bas.

Au début des années 60, à la suite de la vie trépidante que je menais – le cabaret m'exténuait –, j'avais des maux de tête terribles. Certaines fois la douleur était si intense que je ne pouvais pas me rendre à la répétition. J'en manquai au moins huit de *L'Avare*, ce qui était grave quand on ne dispose que de peu de jours pour monter une pièce.

J'eus du mal à apprendre mon texte, et à la fin je le savais peu ou en tout cas très mal. J'avais pourtant joué Maître Jacques avec Dullin et assisté à ses répétitions. Je savais comment Dullin abordait le monologue qui est si important. Le jour de la générale, ce passage ne m'a pas posé de difficultés, puisque j'imitais Dullin. En revanche, je ne savais pas du tout certaines scènes de la fin et j'étais obligé de sortir en coulisses pour aller lire mon texte.

On a toujours le trac au début d'une pièce. On est inquiet, car on ignore comment les choses vont tourner et si tout se passera bien. La sensation de soulagement ressentie par l'acteur au moment des applaudissements à la fin du spectacle est indescriptible.

Dans le cas de *L'Avare*, j'étais paralysé par la peur. Barsacq avait tenté de me rassurer :

– Vous verrez, ce n'est rien du tout.

Je ne partis pas en tournée avec la pièce, mais je la

jouai pendant un an au moins tous les jeudis – jour de vacances scolaires – et les samedis en matinée.

En 1960, Louis de Funès avait écrit à Barsacq : « Depuis longtemps, je voudrais jouer Harpagon. Je l'ai déjà beaucoup travaillé. J'aimerais le jouer chez vous, en irrégulier, et sous votre direction. Serait-ce possible ? » C'est Barsacq qui m'a parlé de cette lettre.

J'ai vu le film que de Funès a tiré de *L'Avare*. Son interprétation est très différente de la mienne.

Je trouvai rapidement ma propre interprétation d'Harpagon. Dès la première scène, « Hors d'ici tout à l'heure… », j'eus l'impression de ne faire qu'un avec le personnage. Claude Nicot faisait La Flèche, et il était excellent dans ce rôle.

Ma fille m'avait fait répéter *L'Avare*. Une amie m'a raconté qu'à la représentation à laquelle elle assistait, Colette s'enfonçait son mouchoir dans la bouche. Elle souffrait beaucoup des répliques de La Flèche. Elle avait du mal à discerner le faux du vrai. Dès les premières scènes, elle avait pris mon parti et participait à l'action avec moi.

Devenue adulte, ma fille a vu beaucoup de mes pièces, mais dans son enfance c'était plutôt rare. Elle était au collège Sévigné où elle travaillait bien. Elle était douée pour les langues, notamment le latin. Je l'ai plus ou moins volontairement protégée du milieu théâtral. Elle était attirée par le théâtre, mais la vie d'une actrice est difficile. Il y a de grandes réussites comme celles de Danielle Darrieux ou d'Edwige Feuillère qui ont été des vedettes d'un bout à l'autre de leur carrière. Madeleine Robinson a eu un parcours éblouissant, à la mesure de son talent, avec des périodes noires, souvent liées aux hommes qui ont croisé son chemin.

Georges Vitaly m'a mis en scène sept fois. Je l'avais découvert à la Gaîté Montparnasse où il présentait d'autres artistes en se servant d'un mouchoir. Son improvisation faisait penser à mon sketch du paysan dans le wagon de chemin de fer. C'était une approche très visuelle dans laquelle on décelait une recherche de l'image. Vitaly était d'origine russe et avait conservé son accent.

Je le revis en 1947 dans *Le Mal court*, avec Suzanne Flon. J'éprouvai tout de suite une forte sympathie pour lui, et ce fut réciproque. Quand il me demanda de jouer dans son théâtre, j'acceptai immédiatement. Il y avait dans ses mises en scène un côté improvisé – je ne dirai pas amateur, mais désorganisé. Le rythme de ses spectacles était rapide et impliquait une compréhension du texte presque physique.

La première pièce que je jouai pour lui fut *La Petite Femme de Loth*, de Tristan Bernard, avec Jacqueline Maillan. Jean Wiener accompagnait l'action au piano. L'instrument était posé sur le balcon du théâtre qui avait été récemment installé par Madame Vlasto, la directrice du La Bruyère.

En 1955, je fus de la reprise de la pièce d'Audiberti *Le Mal court*, dans deux rôles : le vieux maréchal et le père d'Alarica. On coupa une scène où je ne pouvais pas faire deux personnages en même temps.

Pour *Le Mariage de Monsieur Mississippi*, de Dürrenmatt, j'avais imaginé un personnage avec un monocle et je portais un haut-de-forme élégant. Je retrouvais Jacqueline Gauthier qui était une créature absolument divine, d'une grande pureté. Les rapports qu'on pouvait avoir avec elle transcendaient la réalité. Tout et tous semblaient sublimés à son contact. C'était un être extraordinaire de tous les points de vue.

En 1969, je fus Davies, dans *Le Gardien*, de Pinter. Le personnage était tellement merveilleux que je donnai immédiatement mon accord à Jean-Laurent Cochet. Davies, c'était moi ! Je voulais être ce clochard. J'avais déjà fait des essais en sortant habillé en haillons dans la rue. Ce n'était pas par provocation. Je considérais l'état de clochard comme un bon poste d'observation de mes contemporains et un moyen de découvrir certaines faces cachées de ma personnalité.

Dès le début des répétitions du *Gardien*, mon entente avec Cochet fut parfaite. Mes partenaires étaient Claude Giraud et Sacha Pitoëff. J'eus le plaisir de retrouver Giraud – un cavalier émérite et un excellent comédien – dans *Milady*. Quant à Sacha, je l'avais connu très jeune, puisque sa mère avait travaillé avec la compagnie des Quatre Saisons et que j'avais vu Georges, son père, dans des pièces qu'il a peu jouées, dont une qui le creva physiquement. C'était *Un ennemi du peuple*, d'Ibsen, où figuraient deux jeunes gens promis à un bel avenir : Yul Brynner et Georges Vitaly. Pitoëff alla mourir en Suisse peu après la dernière représentation. Il l'avait joué seulement neuf fois aux Mathurins.

Sacha avait un physique tourmenté et interprétait des personnages torturés à la scène, mais à la ville il aimait aller à la pêche. Quand il se trouvait dans une ville traversée par une rivière, il sortait son matériel de pêcheur.

À l'occasion du *Gardien*, je rencontrai Pinter qui fut très élogieux. Il m'écrivit une lettre qui est comme un hommage. Il eut l'amabilité de me dire que de tous les interprètes du rôle de Davies qu'il avait vus dans *Le Gardien*, j'étais le plus proche de ce qu'il avait imaginé et écrit. Et il l'a répété par la suite : « Jacques Dufilho fut inoubliable dans *Le Gardien*. Ce fut une performance électrique, sauvage, drôle, bizarre et totalement authentique. Il était le Gardien. »

Pinter était un homme absolument charmant. À une personne qui faisait devant lui une analyse poussée du *Gardien* en y voyant une critique de Dieu ou autre baliverne, il répondit qu'il s'agissait simplement de l'histoire de deux frères qui rencontrent un vieux clochard et l'embauchent comme gardien.

Je repris, en 1982, le rôle de Davies dans une mise en scène de Georges Wilson qui avait accentué la cruauté du personnage par certaines touches. Il ne parlait plus des « Noirs » comme chez Cochet mais des « Nègres », ce qui était direct et probablement plus conforme au rôle.

En 1980, j'acceptai une pièce de boulevard, *L'Intoxe*, de Françoise Dorin. Jeanne Moreau et Anne Parillaud étaient mes partenaires. Cochet mettait en scène. Ses indications étant très claires, ce fut facile à faire, et jouer avec Jeanne Moreau était un vrai plaisir. Après le théâtre, nous allions souper au Vaudeville, devant la Bourse. C'est là que Jeanne Moreau m'apprit à manger les bulots.

Autant un certain théâtre d'avant-garde peut provoquer chez moi des réactions allergiques, autant le théâtre trop facile m'ennuie. C'est dire que je ne suis pas fanatique du boulevard. J'en ai peu joué dans ma vie. À part *L'Intoxe* et *Ne coupez pas mes arbres*, un aimable divertissement d'origine britannique, je n'ai interprété qu'une œuvre relevant du registre boulevardier, une pièce de Barillet et Grédy, *Le Chinois*, mise en scène en 1958 par Georges Vitaly au théâtre La Bruyère. Jacqueline Maillan, Michel Galabru et Françoise Dorin étaient mes partenaires. Je jouais le rôle de la Présidente qui s'avérait être un travesti.

En 1993, je repris le rôle de Jacob Brakisch, créé trois ans plus tôt par Pierre Dux, dans *Quelque part dans cette vie*, une pièce américaine d'Israël Horowitz, adaptée par Jean-Loup Dabadie. Jacques Rosny mettait en scène.

Ma partenaire était Sonia Vollereaux. Je ne connaissais pas cette comédienne, mais je restai dès le début en admiration devant ses possibilités. Elle comprenait du premier coup les indications du metteur en scène et les exécutait facilement, alors qu'il me faut toujours un peu de temps pour les assimiler.

Elle m'a fait prendre conscience qu'il existait des jeunes comédiens que je ne connaissais pas et qui débordaient de talent. Je la considère comme une des plus douées. Grâce à son talent, elle est tellement juste que la vie qu'elle insufflait à son personnage animait la pièce entière.

À la fin des représentations, nous prenions la liberté de nous engueuler dans la loge. Nous échangions quelques épithètes charmantes du genre « Vieux con ! », « Salope ! » Nous avions une réelle complicité.

Voyant et entendant cela, un machiniste du Petit

Marigny voulut un soir entrer dans notre jeu. Cela jeta un froid terrible. Nous essayâmes de lui faire comprendre que ce rituel était une sorte de *private joke* entre Sonia et moi.

Je n'avais jamais eu ce type de rapports avec aucune autre de mes partenaires féminines. C'était la rencontre de deux formes d'humour très proches.

En 1995, Michel Fagadau me mit en scène dans la pièce de Gérald Aubert, *Le Voyage*. J'interprétais un ancien déporté qui faisait le voyage de la mémoire à Dachau en compagnie de son fils, lequel semblait assez indifférent au passé du vieil homme.

Mon entente avec Thierry Fortineau fut excellente. Je dois rendre hommage à la patience de ce comédien qui me fut d'un grand secours lorsqu'il m'arriva – comble de l'ironie pour une pièce sur la mémoire ! – d'oublier mon texte. Un jour, nous fûmes même obligés d'arrêter la représentation car je ne me rappelais plus rien.

En 1998, je fis mes adieux à la scène avec une pièce de Jean-Claude Süssfeld, *Ma petite fille, mon amour*. Le personnage de Léonce était très intéressant. Le fait de retrouver Danielle Darrieux et Sonia Vollereaux était aussi déterminant dans mon choix. C'est l'histoire d'un homme et d'une femme qui ont perdu leur enfant depuis longtemps. Elle les a quittés et n'a plus donné signe de vie. Un jour, elle revient et reprend peu à peu sa place, comme si elle retrouvait sa famille. En réalité, c'est une personne inconnue du couple, mais le mari fait semblant de la reconnaître, alors qu'il la sait morte puisqu'elle s'est pendue et a rendu son dernier soupir dans ses bras. La mère apprend la vérité à la fin de la pièce.

J'ai assez peu fréquenté le monde du spectacle en dehors de mon métier. Je n'ai pas eu tellement d'amis dans le milieu des comédiens. Georges Wilson est un cas particulier puisque notre collaboration a duré longtemps.

Je dois ma première collaboration avec lui à Maurice Jacquemont qui nous engagea, en 1952, pour une pièce de G. M. Martens, *Le Village des miracles*. Je campais un prêtre contré par des paroissiens qui, ne pouvant aller à la messe parce que, la plupart du temps, les routes étaient inondées, voulaient construire une nouvelle église. À la tête du groupe se trouvait le forgeron incarné par Wilson. Le curé s'opposait fermement à leur projet. L'évêque tentait en vain de réconcilier les deux parties. Dès lors, la querelle de clocher était inévitable. En 1953, nous reprîmes nos rôles pour une dramatique télévisée jouée en direct devant les caméras de René Lucot.

Wilson était remarquable. C'est à cette pièce qu'il dut son entrée au TNP[1].

En 1953, Wilson signa sa première mise en scène, *La Garde-Malade* d'Henri Monnier, dont Hubert Deschamps et moi-même étions les interprètes. Nous

---

1. « Léon Gischia, qui m'y avait remarqué, m'a signalé à Vilar. Celui-ci était malade ; c'est Gérard Philipe qui est venu me voir. Il préparait Lorenzaccio pour Avignon, et m'a proposé de jouer Scoroncolo » (*in* Paul-Louis Mignon, *Le Théâtre d'aujourd'hui : de A jusqu'à* Z, L'Avant-Scène, 1966).

avons joué cette pièce en Avignon dans le verger d'Urbain V.

À cette occasion, Vilar me fit sentir son peu d'intérêt pour mon jeu. Le trouvait-il trop chargé ? Je n'en sais rien, mais je ressentis une certaine hostilité de sa part.

J'ai une opinion sur Vilar qui n'est pas forcément la plus répandue ni la plus enthousiaste, mais je dois reconnaître qu'il avait la responsabilité d'une immense salle, difficile à gérer, et qu'il était, à l'instar de Dullin, dont il avait été l'élève, respectueux de l'auteur et du public. Contrairement à beaucoup d'autres, c'était un homme responsable.

Excellent comédien, il fut inférieur à Dullin dans le rôle d'Harpagon. Il n'était pas du tout le personnage, juste sa caricature. Dullin était pour moi l'Avare absolu. « La maîtrise de Dullin dans le rôle d'Harpagon était déjà telle, que si certaines de ses présentations purent être discutées par la suite, son interprétation si intimement vraie fut toujours louée à peu près unanimement. Cette identification totale plaçait Dullin devant Harpagon comme devant un bien personnel. » Comment ne pas souscrire à ces lignes de Lucien Arnaud ?

Dullin était extraordinaire dans la scène où, à Frosine lui disant : « Vous êtes à ravir, et votre figure est à peindre. Il ne se peut pas mieux », il était étonné d'être si beau. Le personnage était tellement naïf et orgueilleux qu'il en devenait touchant.

Au début de notre collaboration, je n'avais pas d'affinités particulières avec Wilson. Il faisait preuve d'une belle spontanéité et d'une grande simplicité pour aborder la mise en scène et la direction d'acteurs. Il me disait :

– Fais-le carrément. Vas-y comme tu veux.

Il n'avait aucune prétention comme acteur, me considérait comme son égal et montrait même une certaine forme de politesse envers moi qui étais son aîné en âge et en expérience.

Nous nous sommes ensuite perdus de vue pendant quelques années. De temps en temps, j'avais indirectement des nouvelles de lui par Latour qui était ami avec son propriétaire, Guérin, le fils d'un des conservateurs du musée du Louvre. Il possédait un immeuble rue des Saints-Pères où venaient ses amis et connaissances, parmi lesquels on trouvait Latour, César et Wilson.

Je me souviens d'une visite chez César avec Latour. À l'époque, le sculpteur avait conçu un étrange poêle à bois noir pour le décor de *La Garde-Malade*, d'Henri Monnier. Le tuyau du poêle, qui montait dans les cintres, donnait naissance à des branches et l'ensemble était fort curieux à voir.

Lorsque je me trouvais en société, je me livrais à des improvisations périlleuses. Je donnais vie à des personnages qui parlaient avec l'accent paysan et j'inventais des histoires. Je me lançais dans ces récits imaginaires pour éviter d'avoir une vraie conversation avec des gens auxquels je n'avais pas grand-chose à dire. C'était le moyen de fuir certaines conventions sociales, mais je lassais parfois mon auditoire. Peut-être fut-ce le cas de César qui dit à Latour en me désignant :

– Oh non ! Fais-le taire, celui-là ! Il me tue !

La remarque de César trahissait également sa stupéfaction devant ma capacité à créer un monde si différent de celui dans lequel j'évoluais. Ce talent m'a tout à la fois servi et desservi, m'attirant la sympathie de certaines personnes et suscitant l'incompréhension de beaucoup d'autres.

En 1968, nous nous retrouvâmes, Wilson et moi, sur *Chêne et Lapins angoras*. Wilson me donna à lire ce texte de Martin Walser que j'acceptai immédiatement de jouer.

Sous-titrée « Une chronique allemande », c'est une pièce étonnante, profonde et complexe, qui touche à une période qu'on a vécue en Europe. Âgé de moins de quarante ans au moment où il l'écrivit, Walser faisait partie de la génération d'auteurs allemands qui avaient vécu leur enfance et leur adolescence à l'ombre de la croix gammée et en étaient restés marqués à vie. À travers sa vision satirique du monde, Walser explorait le passé récent de son pays et en montrait les conséquences sur l'Allemagne contemporaine.

Mon personnage, Aloïs Grubel, était une sorte de soldat Chveïk, un homme naïf, non dénué de bon sens – accessoirement éleveur de lapins angoras et amateur de chorales –, qui avait été communiste au début de sa vie avant d'être converti à la nouvelle religion, le nazisme. Il se reconvertit une nouvelle fois, ce qui l'amène à collaborer avec les Français et à contribuer grandement à la défaite de son camp. Pour Walser, Aloïs représentait « le grand corps anonyme qu'est le peuple », un peuple « candide, docile et malléable qui marche à tout coup » et paie pour les erreurs que l'a poussé à commettre la caste au pouvoir, celle qui se reconnaît parfois responsable mais jamais coupable.

Sans absoudre les petites gens et tout en s'interrogeant sur la responsabilité collective du peuple allemand, Walser dénonçait les opportunistes qui avaient su tirer leur épingle du jeu et se faire une place enviable dans l'Allemagne cossue de l'ère Adenauer.

Georges Wilson interprétait mon chef (*Oberführer*) et passait la pièce à essayer de me remettre dans le droit chemin. Les relations sont très hiérarchisées, mais la naïveté inquiétante et la détermination placide de mon personnage finissent par déstabiliser l'officier et par brouiller les rapports de forces.

La pièce eut beaucoup de succès à la salle Gémier, puis nous l'avons jouée au grand TNP. Le travail de Wilson fut reconnu à sa juste valeur par le critique du *Journal de Genève* Guy Verdot : « [...] Ensuite, il y a la mise en scène de Wilson, pleine de cocasseries, d'allusions, de trouvailles portant sur le mouvement ou le ton des acteurs. » Le même journaliste eut l'amabilité et le bon goût de terminer son papier par ces mots : « Et enfin, et surtout, il y a le merveilleux talent de Jacques Dufilho, qui cultive sans arrêt l'étrangeté de son comique et donne un double fond au rôle d'Aloïs. »

François Truffaut eut la délicatesse de m'adresser un mot flatteur : « J'ai vu les chats angora(s) (*sic !*). La pièce est superbe et vous y êtes extraordinaire. Il m'était impossible de ne pas vous écrire parce que je suis certain que vous vivez, grâce à cette pièce, une des plus belles périodes de votre vie ; cela se sent sur la scène et dans la salle ; très grande et inoubliable soirée. »

Je rougis encore de tant de louanges.

La plupart des cinéphiles ignorent que j'ai tourné avec Truffaut. À la vérité, le rôle très bref que je tenais dans *Les 400 Coups* – un type qui vend un cheval empaillé – fut coupé au montage.

De 1969 à 1977, je me consacrai exclusivement au cinéma et à la télévision. Je retrouvai Georges Wilson au théâtre de Boulogne-Billancourt, dirigé alors par Jean-Pierre Grenier, où nous créâmes la pièce de l'Irlandais Brian Phelan, *Les Aiguilleurs*.

Isabelle Famchon, la jeune femme qui avait traduit la pièce, me fit connaître l'auteur. Phelan avait touché à tous les métiers du théâtre. Il avait été décorateur, comédien et machiniste au Canada, avant d'écrire cette pièce. La présentation de son œuvre fut une énorme surprise. On évoqua les noms de Beckett et de Pinter.

Georges Wilson et moi interprétions deux aiguilleurs confinés dans une gare désaffectée et oubliée de tous. Pris dans les rets d'un quotidien médiocre, rejouant chaque jour la même comédie cruelle du clown blanc – en l'occurrence le pompeux imbécile fort en gueule Albert/Wilson – et de l'auguste – l'humble et consentant Alfred/moi –, deux aiguilleurs attendent les trains comme d'autres Godot ou les Tartares. La règle du jeu garante de leur bonne cohabitation est remise en question par l'irruption d'un ange de la violence qui, en brisant le train miniature d'Alfred, fait également voler en éclats leurs dernières illusions et basculer la pièce dans le drame.

Pour *Les Aiguilleurs*, les critiques ont été dithyrambiques. Guy Dumur écrivit : « Belle pièce britannique, admirablement mise en scène et jouée par Georges Wilson, hallucinant de vérité » (*Le Nouvel Observateur*, 18 septembre 1978). Fabrice Eberhard, qui avait joué directement et admirablement le personnage révolté et révoltant de l'intrus, eut sa part d'éloges : « [...] Quant au jeune Eberhard, il est si odieusement parfait qu'on a envie d'aller lui casser la figure tout en l'applaudissant[1]. »

Mon interprétation fut saluée par Patrick de Rosbo : « Prodigieux Dufilho, qui, du seul fait de sa métamorphose, nous fait éprouver, à l'instant même, et de l'intérieur, l'ampleur du désastre[2]. »

Les Aiguilleurs furent repris au Théâtre de l'Œuvre en septembre 1978 puis en octobre 1979, et nous partîmes en tournée avec les galas Karsenty-Herbert pour la saison 1979-1980.

Le fait de jouer une pièce à plusieurs reprises et à plusieurs années d'intervalle, comme ce fut le cas pour *Le Gardien* ou *Les Aiguilleurs*, modifiait forcément mon jeu. Dès l'instant où l'on change de partenaire, on n'a pas la même conversation. On tombe sur les mêmes repères, mais les regards sont différents.

En 1984, je repris le rôle de Pitou, le secrétaire de Sarah Bernhardt dans *Sarah et le Cri de la langouste*, avec Maria Mauban, à l'occasion d'une tournée. J'avais vu Wilson et Delphine Seyrig sur scène, mais cela ne me posa pas de problèmes de reprendre la

1. Guy Verdot, *La Nouvelle République*, octobre 1978.
2. *Les Nouvelles Littéraires*, 28 septembre 1978.

pièce. On approche le rôle avec sa propre sensibilité et en fonction de ses partenaires.

Wilson m'a toujours proposé les œuvres que nous avons interprétées ensemble. Notre collaboration régulière doit beaucoup à Georges Herbert qui était directeur du Théâtre de l'Œuvre. Notre duo fonctionnait tellement bien qu'on ne nous imaginait plus l'un sans l'autre. Nous étions en passe de devenir les Laurel et Hardy de la scène française.

Je me souviens de séances de travail de *Je ne suis pas Rappaport*, pendant lesquelles Herbert devait être terriblement fatigué. Il avait installé une sorte de bureau dans un bar du théâtre derrière lequel il se retranchait, tandis que nous étions dans la salle ou dans le foyer. Il était quelquefois si peu intéressé qu'il s'endormait.

Puisque Wilson me choisissait, Herbert admettait ma présence. En tant que directeur de théâtre, il avait une lourde responsabilité et savait ce qu'il faisait. Le Théâtre de l'Œuvre avait abrité des gens qui ont marqué l'histoire du théâtre et représentait quelque chose d'important.

Au fil des pièces, il se crée forcément une sorte de connivence, de complicité. On joue avec quelqu'un qu'on connaît bien et qui vous connaît tout autant sinon mieux que vous. Il n'a pas à vous imposer certaines choses. La communication avec Wilson était évidente. C'était comme si je parlais à un frère. J'ai accepté avec confiance tout ce qu'il m'a proposé.

Je n'ai jamais vu les pièces que nous avons jouées ensemble montées dans leur version d'origine. Je n'avais pas vu le film de Stanley Donen tiré de *L'Escalier*, la pièce de Charles Dyer, avec Rex Harrison et Richard Burton, pas plus que la création de la pièce en France avec Daniel Ivernel et Paul Meurisse. Je ne pouvais donc pas imiter tel ou tel interprète. J'avais joué des homosexuels sur le mode caricatural au cabaret, mais, quand on est comédien, on devient le personnage quel qu'il soit. Je ne me suis jamais posé des questions sur la nature des personnages que j'ai interprétés.

En 1986, Georges Wilson me mit en scène dans *Léopold le bien-aimé* de Jean Sarment. Je jouais un personnage assez secondaire qui prenait de l'importance au fil de la pièce. Suzanne Flon me faisait rire quelquefois. Elle se mettait en coulisses face à moi et essayait de provoquer mon hilarité. Elle y parvenait souvent.

Je suis d'un naturel rieur. Il m'est arrivé d'avoir des fous rires sur scène, notamment avec Jean Le Poulain qui était mon partenaire dans *Pourquoi pas vamos ?* Cela marchait à coup sûr et compromettait le bon déroulement de la pièce. Le Poulain n'était pas un tragédien.

Dans *Le Misanthrope et l'Auvergnat*, Marcel Dorval me serrait la main à la fin de la pièce et me passait quelque chose, par exemple un clou. Le résultat ne se faisait pas attendre et c'est en m'esclaffant que j'essayais de lui renvoyer la réplique.

Pour *Les Gueux au Paradis*, Raymond Leibowicz, qui était dentiste, remplaçait un des Frères Jacques. Il faisait tout pour me troubler. Il se plaçait sur le côté, de manière à ne pas être vu, et me lançait avec une sarbacane des plombs qui se plantaient dans ma fausse barbe.

Quant à moi, j'ai toujours eu trop de respect pour le texte et la mise en scène pour me permettre de faire des blagues sur scène et de provoquer le rire de mes partenaires.

Avec Wilson, la mise en scène était réglée au millimètre. D'une représentation à l'autre, la durée du spectacle variait peu. Selon les réactions du public et ses applaudissements, cela pouvait durer quelques minutes de plus, mais ça n'a jamais atteint les improvisations de Poiret et Serrault dans *La Cage aux folles*.

En 1991, Wilson me dirigea dans *Le Météore* de Dürrenmatt. Je jouais un écrivain, lauréat du prix Nobel, qui refusait de mourir. Il y avait beaucoup d'humour dans cette pièce. Wilson interprétait une dame-pipi aux grands pieds qui était aussi une femme d'affaires. Sa composition était remarquable et totalement irrésistible. Comme toujours chez Dürrenmatt, l'émotion se mêlait au rire. On était partagé entre la tragédie et la caricature.

Je retrouvai une dernière fois Wilson en 1994 pour *Show Bis*, une pièce adaptée d'un texte américain de Neil Simon. L'histoire de deux vieux cabots qui, après avoir joué toute leur vie ensemble et s'être perdus de vue, se retrouvent pour un ultime spectacle. On renouait les rapports de forces présents dans d'autres pièces de notre répertoire, à Wilson et moi. J'étais conscient de cela. Wilson avait pensé à inverser les rôles, mais je n'étais pas pour.

J'ai joué dans l'unique film réalisé par Wilson,

La Vouivre. Peut-être était-il assez préoccupé par la technique, mais ça ne se sentait pas. Il était présent et à l'écoute des comédiens dont il anticipait les interrogations et devançait les désirs. J'écoutais ses directives et essayais de comprendre ce qu'il voulait, puis l'exécutais le mieux possible.

Georges Wilson est un homme et un artiste d'une grande honnêteté. C'est le plus grand metteur en scène que je connaisse actuellement. Ce bloc de pierre a des réactions extrêmement justes. Lorsqu'il travaille avec lui, l'acteur est comme sur des rails et ressent une impression de sécurité absolue.

Il m'est arrivé de collaborer avec des metteurs en scène qui étaient de véritables points d'interrogation. Dans ces cas-là, je laissais passer une ou deux répétitions, puis, en les gauchissant plus ou moins, je finissais par imposer mes idées.

Cela n'a jamais été le cas avec Wilson, parce qu'il est à l'écoute de ses comédiens. Il prend en compte leurs suggestions et, s'ils n'ont pas d'idées, il leur en donne.

Sans doute suis-je toujours resté en retrait. Je ne passais pas mes vacances dans des endroits à la mode. Le temps des vacances, j'allais chez mes grands-mères. J'avais beaucoup de projets en dehors du métier.

Avant le théâtre, j'avais eu une vie de cultivateur. À Ponsampère, où j'avais des arbres fruitiers, la taille des arbres et de la vigne me mobilisait.

Ma passion pour mon métier ne s'est pourtant jamais émoussée. À partir du moment où c'était quelque chose de facile et d'acquis pour moi, je considérais qu'être doué pour jouer une pièce ou un rôle au cinéma était évident. Cela faisait partie de moi et je n'y faisais même plus attention.

J'ai pu faire rapidement le tour du métier de comédien. Je ne me suis jamais posé la question de savoir quel rôle j'aurais voulu tenir. Je n'ai jamais demandé à un auteur d'écrire pour moi. Je n'ai jamais été à l'origine d'un projet. Des gens me disent :

– Quel dommage que vous n'ayez pas joué du Shakespeare !

Cela m'aurait plu, mais on ne me l'a jamais proposé, et je n'en conçois ni regret ni amertume. Je n'ai pas dans la bouche le goût de cendres que laissent les planches brûlées.

8

L'acteur et le comédien

Peut-être naît-on comédien ? En tout cas, il faut être doué. Le Schpountz de Pagnol avait raison. Si vous n'avez pas ce don, aucun professeur au monde ne pourra révéler votre nature de comédien. Il pourra vous apprendre beaucoup, mais il ne vous apportera pas tout.

Sortant de chez Dullin dont l'enseignement était une école de sincérité, j'ai toujours eu une conception sérieuse de mon métier.

Un comédien, quand il est vraiment comédien, se met à la portée du rôle et incarne le personnage. Il faut par conséquent pouvoir se transformer presque psychiquement. Dullin insistait beaucoup sur l'identification au personnage, puisque c'est ce dernier qui guide le comédien.

Quand on me proposait des rôles, je disais simplement :

– C'est pour moi (ou non). Je peux le faire (ou non).

Ce choix ne résultait pas de l'analyse. Il s'agissait

d'une décision spontanée. Au cours de la lecture de la pièce, je savais si je pouvais ou non jouer le rôle.

Il m'arrivait aussi de rejeter des pièces, car elles me déplaisaient. L'univers d'un Jean Genet, pour ne citer que lui, ne m'a jamais ému ni intéressé. C'est un monde éloigné de ma conception de l'art. Ma position était à la fois esthétique et morale.

S'il m'est rarement arrivé de jouer des pièces pour des raisons alimentaires, je me suis forcé quelquefois, notamment en acceptant d'interpréter *Le Rêveur* de Jean Vauthier. La pièce n'avait rien de facile, mais il s'agissait d'un rôle qui me paraissait loin de moi. À force de patience, j'y suis pourtant arrivé.

Lorsque j'étais obligé d'accepter une pièce à contrecœur, je procédais comme d'habitude. Il y avait une osmose entre mes idées et mon travail avec mes partenaires, le metteur en scène et le directeur du théâtre. Il m'est parfois arrivé de m'engager dans une collaboration qui s'est rapidement avérée difficile, mais je n'ai jamais repris ma parole.

Quand j'ai eu à jouer une pièce dont le texte ne me plaisait pas vraiment ou à composer avec un metteur en scène pénible, je ne n'en prenais qu'à moi-même :

– Tu as accepté le rôle. Joue-le jusqu'au bout et le plus sincèrement possible.

Lorsque j'étais sur scène, tout en gardant présent à l'esprit le lieu où je me trouvais, j'essayais de ne pas ressentir cette sensation de conscience totale qui pouvait me faire décrocher du rôle et de la pièce. Quand vous donnez la réplique à un ou plusieurs partenaires, il faut trouver l'équilibre qui vous permet d'interpréter un rôle en étant le personnage sans pour autant pousser l'identification au point d'en oublier que vous êtes en train de jouer.

Le comédien doit savoir écouter. Le rapport intime avec la pièce passe par le personnage qui s'adresse à vous. Vous n'adhérez à votre propre personnage que si vous êtes attentif à ceux qui l'entourent.

Un événement impromptu peut survenir et vous faire sortir du personnage. Au début de ma carrière, j'ai maintes fois succombé à des fous rires irrépressibles.

Il m'est arrivé de décrocher complètement à l'occasion d'un incident quelconque qui se passait sur scène. Un partenaire qui est absent ou arrive en retard n'aide pas non plus à la concentration. Pourtant, une fois que le rideau est levé et que la représentation commence, je suis un autre personnage qui pénètre dans un monde inconnu et c'est cette couleur-là qu'il faut maintenir quoi qu'il arrive.

Quand on est comédien, on a l'impression de se découvrir soi-même. La plupart du temps, on décèle des sentiments et des émotions qui étaient enfouis en soi et qu'on n'avait pas développés jusqu'alors. Ces aspects soudain révélés de votre personnalité font désormais partie de vous. Vous intégrez des éléments extérieurs qui deviennent vous-même par la force des choses. Quand vous les vivez tous les jours, vous êtes obligé de devenir quelqu'un d'autre. C'est une découverte ou plutôt une façon de se redécouvrir soi-même.

C'est au public ou à Dieu de discerner la part d'instinct et d'intelligence qui entre dans la composition d'un personnage. Je n'ai jamais eu de théorie définitive à ce sujet. Comment cela commence, comment ça aboutit, je n'en sais rien du tout. Ce que je connais, c'est la sensation d'avoir fait un travail absolument honnête partant de moi-même.

Chaque nouveau personnage est une découverte, une image différente. À partir du moment où l'on n'est pas un jeune premier et où l'on a, ce qui est mon cas, des rôles de composition, on a l'occasion de jouer des personnages très éloignés de soi.

Pour la création d'un personnage, il est important de savoir comment il sera habillé.

Sera-t-il un animal à chapeau mou ou exigera-t-il un béret français ?

Ses vêtements seront-ils d'une bonne coupe ou taillés dans une étoffe grossière ?

Ses chaussures seront-elles à sa pointure ?

Par exemple, à l'occasion d'une tournée avec Dullin – nous jouions *Le Faiseur*, de Balzac –, j'interprétais un personnage nommé Goulard. Je l'avais imaginé avec un gros ventre que l'habilleuse m'avait confectionné à partir d'une paillasse en crin. Je me déformais les joues de telle manière que je devenais gros. L'habit fait le personnage.

En général, c'est le metteur en scène qui décide de l'aspect du personnage. Barsacq avait des idées très précises. Il organisait sa mise en scène et son décor en même temps. Avec l'apport du metteur en scène, du décorateur et de l'auteur, on arrive à cerner à peu près l'apparence physique d'un personnage.

Les qualités que doit avoir un bon metteur en scène sont multiples. Il faut d'abord beaucoup d'humilité – comme pour les comédiens d'ailleurs – et être attentif au moindre élément qui constitue le spectacle sans se noyer dans les détails. Quand on a une vision personnelle de la pièce, il ne faut pas pour autant négliger le texte ni déformer la pensée de l'auteur. On doit penser au public et être attentif à la diction de ses comédiens et à leur façon de porter la voix. Si le comédien tend à s'éloigner du personnage, le metteur en scène doit l'y ramener. J'ai appris tout cela chez Dullin.

Il m'est arrivé d'être en désaccord plus ou moins total avec des metteurs en scène – je ne veux pas donner de noms, ce serait gênant. Étant d'un naturel timide, j'ai une certaine habitude de dissimuler poliment mes griefs, ce qui m'a permis d'éviter quelques conflits.

Beaucoup de comédiens sont des timides. Comment peuvent-ils alors avoir l'impudeur de s'exposer au public ? La vérité est qu'il est facile de surmonter sa timidité. Dès l'instant où le professeur vous a invité à passer une scène ou aussitôt que le rideau est levé, la timidité disparaît. N'ayant plus la possibilité de revenir en arrière, vous y allez carrément et vous vous apercevez que vous avez de plus en plus de facilité à vous oublier.

Je me permets une parenthèse relative à la fameuse distinction entre comédien et acteur. Selon moi – et beaucoup d'autres –, un acteur, c'est quelqu'un qui se prend au sérieux, qui a des idées et n'en démord pas. Il reprend toujours le même personnage, seule la situation diffère. Le comédien pense, pour sa part, que c'est le personnage qui doit tout lui apporter. Les vrais comédiens sont plus rares que les acteurs. Fresnay était un grand comédien, car il était capable de jouer Marius avec un accent marseillais, puis le capitaine de Boëldieu de *La Grande Illusion* – un film qui m'a beaucoup marqué. Il n'était jamais le même d'un rôle à l'autre et était toujours honnête vis-à-vis des personnages qu'il interprétait. Von Stroheim, que j'admire tout autant, était davantage acteur – et avec quel génie ! – que comédien.

Le comédien va vers le personnage, se fond en lui, tandis que l'acteur le ramène à lui et domine de sa personnalité le rôle quel qu'il soit.

En outre l'acteur, souvent identifié à un personnage, prend plaisir à étaler ses convictions personnelles sur les plateaux de télévision. La couleur du parti auquel peut adhérer tel ou tel acteur ne devrait pas être connue du public. Moins le spectateur en sait sur le comédien, plus ce dernier sera crédible dans les différents rôles qu'il pourra être amené à jouer. Le fait de répéter « Je suis un catholique monarchiste » conduit à de tels malentendus, d'autant qu'il est impossible de s'expliquer.

Certains acteurs deviennent des instruments politiques, et cela leur cause un tort considérable. C'est l'un des travers de la promotion actuelle des pièces et des films. A-t-on besoin de savoir ce qu'Harpagon, Ruy Blas, Hamlet – ou tout autre personnage – pensent de tel ou tel problème de société contemporain ?

Je prépare et je construis un personnage au moment des répétitions, mais le travail commence dès la lecture de la pièce. Pour la préparation de *L'An Mil*, de Jules Romains, Dullin, souffrant, était cloué au lit. Il m'avait prié de m'étendre auprès de lui pour lire le manuscrit de la pièce. À peine avais-je prononcé les premiers mots de mon texte – j'avais à dire : « Je le savais ! » – que Dullin s'est exclamé : « Tu y es ! C'est exactement ça ! » Dès la première phrase, il avait perçu que j'étais le personnage.

Concernant l'approche et la lecture d'une pièce, je n'ai pas une démarche précise. Ça vient indirectement par à-coups. Au metteur en scène d'être conscient de ce processus chez l'acteur. Je n'ai pas de théorie là-dessus.

Bien souvent l'acteur influe sur le style de la pièce, mais j'ai été comédien au théâtre pour servir le texte. À l'écran ou sur la scène, il m'est arrivé d'incarner un personnage que j'avais déjà plus ou moins joué au cabaret, mais, au théâtre, j'ai toujours privilégié la vérité du rôle. Il ne faut jamais oublier que le personnage est le vecteur entre la pensée de l'auteur et le public. C'est lui qui permet la compréhension de l'œuvre. Metteurs en scène et comédiens doivent se pénétrer de l'idée que ce qui importe dans une pièce, ce sont les personnages.

Un comédien saura exprimer son talent sans l'aide du metteur en scène qu'il peut aisément tromper. Il déformera la pièce ou ramènera tout à sa misérable personne. Il détient un pouvoir considérable qui consiste à faire passer par sa bouche des sentiments et de la pensée.

On peut être reconnaissant au public qui vient au théâtre. Il est important de lui donner ce qu'il a envie de voir chez un comédien sans sacrifier pour autant la vérité du personnage. Il ne faut pas imposer au public des pensums. Il a le droit d'avoir ses idées.

Je connaissais les idées d'Antonin Artaud. J'eus l'occasion d'en discuter avec lui dans la clinique où il se trouvait à la fin de sa vie. J'étais venu rendre visite à une de mes camarades, Colette Gilbert – la future épouse de l'écrivain Henri Thomas –, qui, sur mon conseil, s'était fait opérer des pieds. Dans sa chambre qui ressemblait à une cellule, j'ai rencontré Artaud que je ne connaissais jusqu'alors que par ses écrits et par des témoignages de gens qui l'avaient côtoyé lorsqu'il était régisseur à l'Atelier.

Artaud écrivait de manière bizarre sur des pages de carnet avec des crayons sucés aux deux bouts et mal taillés. Il disposait d'outils rudimentaires, mais semblait s'en contenter. Il était le seul à écrire ainsi.

Dullin avait de l'estime pour Artaud qu'il considérait comme un personnage à part. Agacé par les retards répétés de certains de ses comédiens, Dullin avait dit un jour :

– À partir d'aujourd'hui, aucun retard ne sera toléré. Je suis à l'heure aux répétitions. Désormais vous suivrez mon exemple.

Artaud avait alors noté scrupuleusement sur un carnet les noms de tous les retardataires. Dullin lui avait demandé d'être moins sévère :

– Non, non, pas à ce point-là tout de même. On ne va pas leur faire un procès.

Après notre discussion, Artaud s'était absenté et Colette Gilbert me rejoignit :

– C'est étonnant. Tu es arrivé à discuter avec

Artaud. Il t'a parlé alors qu'il reste généralement en retrait et totalement muet.

Nous avions discuté de l'impossibilité de jouer tous les soirs la même pièce. En référence à son propre travail et à ses écrits, Artaud affirmait qu'il était impossible d'incarner le même personnage plus d'une fois.

– Ce n'est jamais la même chose, ajoutait-il.

En m'appuyant sur mon expérience toute fraîche des *Frères Karamazov*, je lui répliquais que ma conception était tout autre et qu'il était indispensable de répéter le même texte plusieurs soirs de suite afin d'en approcher la vérité.

Je n'ai jamais eu la prétention de combattre les conceptions d'Artaud. Je les comprenais, mais je n'étais pas d'accord avec lui.

9

Rive droite, rive gauche

En 1942, je fis mes débuts au cabaret après avoir passé une audition chez Carrère, un restaurant de la rue Pierre-Charron où des gens célèbres et importants venaient dîner. Fréquenter un tel établissement n'était pas à la portée de tous. Sous l'Occupation, la nourriture était la préoccupation première des Français. Maurice Teynac, qui faisait des numéros d'imitation chez Carrère, raconta à Dullin qu'il avait vu un soir un couple absorbé par ses steaks. Tout en mastiquant, la femme avait demandé à son mari en levant les yeux vers Teynac :

– Comment le trouves-tu ?

L'homme avait répondu, sans quitter du regard son assiette :

– Trop cuit !

M'inspirant d'une improvisation que j'avais faite chez Madame Dullin, je créai pour Carrère un sketch sur un petit lapin. Il s'agissait d'un numéro de mime.

Je jouais un paysan qui arrivait, une valise à la main, sur le quai d'une gare, ouvrait la portière du train, posait ses bagages sur une banquette, et réfléchissait un court instant avant de ranger la valise dans le porte-bagages. J'essayais un siège, puis un autre, avant de m'installer et de commencer à manger. Je feignais d'être gêné par les gens qui me regardaient, puis faisais semblant d'essuyer un carreau. À la suite du nettoyage de la vitre, ma main prenait la forme d'une oreille de lapin. Je commençais alors à jouer avec le lapin avant de me remettre à manger.

Ce sketch avait, selon moi, des qualités qui échappaient aux clients du restaurant. Ils se désintéressaient totalement de mon numéro. Interpréter mes monologues ou mes pantomimes dans ces conditions était un exercice ingrat, mais les réactions négatives ne me décourageaient pas. Me heurter à l'indifférence d'un public composé d'estomacs en habits chics me donnait du courage. Nous étions payés au minimum pour huit jours, ce qui me permettait de perfectionner mes saynètes. Je me sentais une prédisposition pour le comique. J'adorais ce contact direct avec les spectateurs, cette manière de converser par le rire et le sentiment.

En 1945, je créai avec Latour un numéro au Théâtre de Poche, dans une revue animée par Francis Blanche, *Les Chansonniers au Paradis*. Blanche interrompait parfois le spectacle en lançant :

– Ce qu'on s'emmerde !

Notre numéro s'intitulait *Le Grand Voyage du pauvre nègre* et partait d'une chanson de René Cloërec et Raymond Asso qu'avait interprétée Édith Piaf. Latour chantait : « Soleil de feu sur la mer Rouge / Pas une vague, rien ne bouge / Dessus la mer, un vieux cargo / Qui s'en va jusqu'à Bornéo / Et, dans la soute, pleure un nègre / Un pauvre nègre, un nègre maigre / Un nègre maigre dont les os / Semblent vouloir trouer la peau. »

Le visage recouvert d'un maquillage couleur chocolat à faire pâlir d'envie l'Al Johnson du *Chanteur de jazz*, j'avais hérité du rôle du pauvre nègre famélique devenu soutier malgré lui après s'être endormi sur le pont d'un bateau. La fin était tragique puisque le malheureux se jetait à l'eau pour regagner sa terre natale et mourait d'épuisement.

Après avoir vu notre numéro, Mitty Goldin, le directeur de l'ABC, nous proposa de le reprendre sur la scène de son music-hall, ce que nous fîmes en intervertissant les rôles : Latour était maquillé en noir et j'étais le Pierrot blanc. Nous jouions, à la même époque, *Les Gueux au Paradis* de Martens et André Obey, au Studio des Champs-Élysées. Je ne disposais que de quelques minutes pour me démaquiller, puis j'enfourchais mon vélo pour filer plus vite qu'un taxi au théâtre où j'avais juste le temps de garer ma bicyclette, de finir de me nettoyer le visage et de me remaquiller en vieillard pour incarner saint Pierre.

Cela donne une idée du rythme de vie trépidant de l'artiste de cabaret et pourtant le cabaret était presque les vacances de ma journée. Après m'être couché à trois heures du matin, je me levais à sept heures pour aller faire une radio à neuf heures.

Cela se passait le plus souvent rue Cognacq-Jay, mais je fréquentais aussi le Club d'essai, rue de l'Université, où il m'arrivait de tomber de fatigue. Après la lecture, je demandais qu'on me réveille pour l'enregistrement des textes. Je me couchais ensuite sous le piano, m'endormais paisiblement et ne me levais que pour interpréter mon rôle dans un demi-sommeil.

Quittant la radio, j'allais répéter une pièce. À l'issue de la répétition, j'avais juste le temps de manger un sandwich – je prenais toujours mes repas à la sauvette –, et je jouais une autre pièce. Deux heures plus tard, je me précipitais hors du théâtre pour filer au cabaret (je faisais deux établissements par nuit). Il était alors vingt-deux ou vingt-trois heures. Le travail à accomplir effaçait toute idée de repos. On savait qu'il faudrait dormir, mais ce serait pour plus tard.

Le cabaret était payé directement chaque soir. On avait droit à un apéritif ou deux, et on revenait chez soi. Cette vie infernale avait de quoi crever le plus préparé des « athlètes affectifs » (belle formule d'Artaud pour qualifier les acteurs).

Pour écrire mes sketches de cabaret, je ne puisais pas seulement dans les contes qui avaient enchanté mon enfance. Il m'arrivait de m'inspirer de choses vues, comme pour *La Visite du château* commentée par un hilarant guide pyrénéen, mais la plupart de mes textes étaient le reflet de mon propre imaginaire. Je prenais souvent pour point de départ une situation absurde et poétique. Imaginez des loups qui s'installent dans une maison où, contre toute attente, ils sont accueillis en amis et peuvent paisiblement casser la croûte. Représentez-vous des gendarmes qui pénètrent dans cette demeure avant de se retirer discrètement, effrayés à la vue du sourire carnassier des animaux attablés. Mis en forme, cela donne :

D. R.

Alexandre Dufilho, arrière-grand-père,
armurier à La Nouvelle-Orléans.

D. R.

Eugène et Joséphine Peyrusse,
respectivement oncle et mère
de Jacques Dufilho.

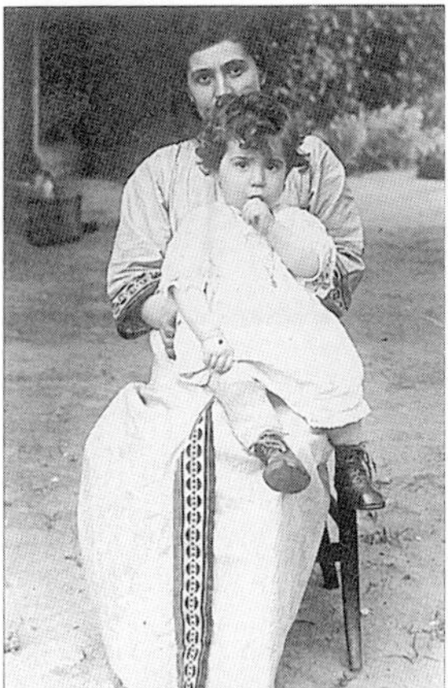

D. R.

Sur les genoux de sa mère
(*circa* 1916).

D. R.

Joséphine Dufilho,
née Peyrusse, sa mère
(années 1950).

D. R.

Eugène Dufilho,
son père.

D. R.

Yvonne, André et Jacques.

D. R.

Jacques Dufilho (*circa* 1930).

D. R.

Jouant saint Pierre dans *Les Gueux au paradis* (1945).

Avec Charles Dullin dans *L'An Mil*,
de Jules Romains (1947).

D. R.

Avec Claude Génia dans *La Ferme des sept péchés*,
de Jean Devaivre (1948).

D. R.

Dans *Vendetta en Camargue*, de Jean Devaivre (1949).

D. R.

Interprétant le sketch des Loups au cabaret.

© Lipnitzki-Viollet.

En Harpagon dans *L'Avare*, de Molière (1962).

D. R.

Dans le rôle de Gardefort, *Milady*, de François Leterrier (1976).

Paysan bigouden dans *Le Cheval d'orgueil*,
de Claude Chabrol (1980).

Portrait par Emmanuel Legendre (1992).

Avec Jeanne Moreau dans *L'Intoxe*, de Françoise Dorin (1980).

© J.-C. Marouzé/Orop.

Devant son château de Bouvées.

D. R.

Avec Sonia Vollereaux dans *Quelque part dans cette vie*, d'Israël Horowitz (1994).

« Dans l'après-midi du 17, il en arriva d'abord toute une bande. Et deux heures après, il arriva les gendarmes. Alors ils demandèrent : "Vous n'avez pas vu les loups traverser le village ? – Non, on n'a rien vu !" dirent les paysans. Et je me rappelle chez ma grand-mère, il y avait encore deux grands loups affamés… Un brigadier de gendarmerie entra et dit : "Oh ! Oh ! les beaux chiens de garde !"… Les loups sourirent et le brigadier disparut ! Oui, madame ! Alors, quand on n'entendit plus le galop de son cheval, on verrouilla la porte et les loups passèrent la nuit chez nous. Et je me rappelle qu'il y en avait un qui plaisait beaucoup à grand-mère. Oui ! Il lui faisait de l'œil… Et il coucha avec grand-mère, le pauvre !

« Enfin !… L'autre loup coucha dans le grenier, tout seul. Il était enrhumé, il toussa toute la nuit, le malheureux. Et alors, le lendemain, qui était un dimanche, les loups ne purent pas partir à cause de la neige. Celui qui plaisait beaucoup à ma grand-mère voulut l'accompagner à la messe. On lui mit un loup sur les yeux pour qu'on ne le reconnût point. On lui jeta une vieille peau de bique de mon grand-père sur les épaules quand ils partirent. Et bientôt il y eut tous les chiens du village autour de l'église.

« Alors, avant la fin de la messe, les loups partirent parce qu'ils avaient encore beaucoup de chemin à parcourir. Ils allaient en Allemagne, les pauvres ! En passant par la Lorraine… avec des sabots… dondaine… oh, oh, oh… Eh non, c'est autre chose, ça !… »

J'avais une grande admiration pour La Fontaine et du goût pour les histoires insolites. Je vénérais aussi

Alexandre Vialatte dont l'œuvre singulière et l'humour poétique m'enchantaient. À la fin des années 60, il participa à l'émission *L'Invité du dimanche*. Il m'avait invité à me joindre à lui et, à sa demande, j'avais raconté l'histoire des loups. Par la suite, nous nous sommes rencontrés plusieurs fois. Il affirma que ses loups étaient plus primaires que les miens, lesquels avaient une certaine spiritualité puisqu'ils allaient à la messe.

Vialatte ressemblait à une personne qu'on aurait déjà côtoyée dans une autre vie tant le contact avec lui était chaleureux et direct. Notre première rencontre me fit penser aux retrouvailles de deux âmes unies par un sens de l'humour identique. À l'image de ses textes, les rapports qu'on pouvait entretenir avec Vialatte n'avaient rien de conventionnel. Nous appartenions à la même famille. Après sa mort, je pris contact avec son fils pour monter un spectacle à partir de ses textes et le jouer au Théâtre de l'Œuvre. Ce projet ne s'est malheureusement jamais réalisé.

Écrire mes sketches m'était facile. Je pensais à des choses dans la journée et les exécutais le soir au cabaret en donnant libre cours à mon sens de l'improvisation. D'une cuiller je faisais un poisson rouge et m'adressais ainsi au public : « Et maintenant, dans un genre tout à fait différent, voici Nini le poisson rouge. C'est l'histoire d'un petit poisson captif qui, un jour, recouvre sa liberté. » Je mimais l'histoire avec ma cuiller avant de passer de l'autre côté du rideau.

Je voyais peu mes camarades du cabaret, mais j'étais sensible à leur humour. Darry Cowl arrivait à provoquer l'hilarité des spectateurs par sa simple présence sur scène. Il ne faisait rien et les gens s'esclaffaient. Cela supposait de sa part une grande connaissance du public, une capacité à établir un lien solide avec lui et une réelle maîtrise de son art.

Contrairement à Darry Cowl qui, sans bouger le petit doigt, faisait s'écrouler de rire des salles entières, j'étais obligé de m'agiter, d'imiter des animaux, de m'amuser à coudre ou à recoudre un bouton…

Au cabaret, le public est votre metteur en scène. Ce sont ses réactions soir après soir qui vous guident. On est immédiatement récompensé par les rires ou sanctionné par une indifférence glaciale. Ma propre opinion sur mon travail m'aidait également à corriger et à améliorer mes sketches.

Lorsqu'on est payé en retour par le rire du public, on peut être tenté d'abonder dans son sens et de faire des numéros qui pourraient tourner au procédé. On finit par savoir ce qui marche et la facilité menace de prendre le relais de l'inspiration. Pour ma part, je n'ai pas été déformé par le public. Refusant de céder à la démagogie qui consiste à ne lui donner que ce qu'il attend, j'ai toujours fui l'exagération et refusé d'appuyer mes effets.

J'ai créé plusieurs personnages féminins (Victorine et Mademoiselle Berthe). J'avais connu la vraie Victorine qui travaillait chez ma grand-mère paternelle à Mirande. Mademoiselle Berthe était inspirée d'amies de ma grand-mère qui avaient des voix plus ou moins aiguës. Trouver et contrefaire des voix a toujours été facile pour moi, presque instinctif.

Je testais mes sketches pendant l'entracte. Je savais ce qui était drôle ou non. Je progressais et proposais au public des choses auxquelles il ne s'attendait pas. J'expérimentais. Il m'est ainsi arrivé, à la Galerie 55, d'enchaîner une série de personnages. Le lien était une table à repasser derrière laquelle se succédaient Victorine, un jeune homme, un vieillard et Mademoiselle Berthe. Je n'ai joué ce sketch qu'une seule fois car il était trop long à installer. Chaque moment devait durer entre dix et vingt minutes.

J'avais des costumes de scène dans une valise. Il y avait notamment un plastron sur lequel je mettais un nœud papillon improvisé. Le reste était inventé par le public. Dans la même tenue, je faisais le discours d'un homme politique avec une moustache retenue par un élastique.

L'histoire du cabaret parisien est un conte des deux rives. La rive droite était difficile. Les textes de Vialatte n'auraient pas pu y marcher, alors que le public de la rive gauche en comprenait l'humour insolite. La rive gauche était plutôt littéraire, la rive droite davantage boulevardière.

Sur la rive gauche, j'ai fréquenté l'Écluse au 15, quai des Grands-Augustins. C'était un cabaret minuscule avec une sorte de long couloir. Il y avait un comptoir à droite où on pouvait consommer, des tables plus ou moins rondes autour desquelles on avait à peine la place de se grouper. La scène était au fond avec une estrade, sans rideau.

Léo Noël chantait en s'accompagnant à l'orgue de Barbarie. Une sorte de réduit nous servait de loge. On y entrait directement et tout le monde se préparait à la hâte.

L'Écluse avait été fondée par Noël, André Schlesser, Brigitte Sabouraud et Marc Chevalier. Schlesser venait du théâtre et de la compagnie des Quatre Saisons. Il était parti avec elle en tournée en Amérique et avait notamment joué Sylvestre dans *Les Fourberies de Scapin*. Marc Chevalier avait été instituteur. Brigitte Sabouraud chantait ses chansons.

Je me souviens de Barbara sur scène, mais je lui ai à peine parlé car je faisais deux cabarets par soirée. Après l'Écluse, je devais aller ailleurs, au Milord l'Arsouille, un établissement de la rive droite, rue du Palais-Royal, où je suis passé pendant de longues années.

C'est à l'Écluse que j'ai créé le personnage de Mademoiselle Berthe. J'ai dû le jouer également chez Agnès Capri, rue Molière.

J'écrivais mes sketches le matin pour les jouer le soir. Je n'avais pas de modèles, même si j'admirais certains comiques, comme Laurel et Hardy. Ces deux personnages opposés l'un à l'autre, l'un qui dirige et l'autre qui obéit avec son côté larmoyant, étaient merveilleux. Deux grands clowns et une grande école du rire.

Ce que je faisais au cabaret était très personnel. On me le reprochait d'ailleurs. Certains directeurs comme René Legueltel de la Galerie 55 estimaient que je n'étais pas dans la norme des comiques de l'époque. Mon numéro terminé, Legueltel et moi sortions souvent ensemble et il déplorait presque mon originalité.

La Galerie 55 était une ancienne galerie d'art, au 55 de la rue de Seine. Legueltel avait transformé l'endroit en collant du tissu sur les murs pour l'insonoriser. Les gens étaient entassés dans un désordre voulu par Legueltel et son barman. Ils servaient à boire.

Au Méphisto, au coin de la rue de Seine et du boulevard Saint-Germain, on retrouvait la clientèle du Tabou. C'était l'ambiance de Saint-Germain-des-Prés.

Le cabaret était situé dans le vaste sous-sol d'une brasserie. J'y avais installé un rideau. Latour et moi y avons créé un spectacle intitulé *Le Bolet de Satan*, un titre idéal pour le Méphisto.

Il s'agissait d'une histoire assez tragique. Un critique qui a écrit des livres savants sur le cirque est venu et a pris le spectacle au sérieux. Il le trouvait trop noir. Un paysan commençait l'histoire ainsi : « J'étais dans le bois d'Espeluche et j'ai trouvé un champignon géant. L'instituteur m'a dit : "Tu devrais le faire naturaliser, car il n'est pas commun." » Il s'adressait alors à la préfecture de police où on lui répondait : « Pour le bureau des naturalisations, remplissez la fiche jaune et rose. » Il y avait une méprise.

Le champignon en question était vénéneux. Les gens se suicidaient ou devenaient plus ou moins fous. C'était une suite de quiproquos et de malentendus qui se terminaient tragiquement. Latour avait été l'inspirateur de presque toutes les idées du *Bolet*.

De mon côté, j'avais écrit avant, avec un culot monstre pour l'époque, un sujet sur deux vieux généraux qui vivent ensemble et se remémorent leur guerre : « Dimanche dernier on a fait Marengo, et ce soir on fera Austerlitz. » La bonne espagnole intervenait en disant : « Ils sont fous. J'en ai marre de servir ces vieux "chochos" (gâteux). »

Nous avons joué mon spectacle au Méphisto avec un succès relatif. Le directeur m'a alors demandé de faire quelque chose de plus sérieux. J'ai donc prié Latour d'apporter son inspiration, car il avait écrit d'excellents sketches pour lui-même, dont une version courte des *Deux Orphelines*.

Au mythique cabaret de La Rose rouge, 76, rue de Rennes, je jouai dans des spectacles d'Yves Robert, dont le plus mémorable reste *Les Girafes*. On y chantait notamment : « Comment ça va ? Comment ça va ? Ça va bien. Comme ci, comme ça, comme ci, comme ça. Pas mal. Et vous-même ? La petite famille ? Très bien. Merci beaucoup. Et votre fils ? Toujours aux colonies. Colonies. Comment va-t-il ? Et que fait-il ? Combien gagne-t-il ? De quoi trafique-t-il ? Bois précieux ? Noix de coco ? Non, non, non. Les girafes. Ha ! Ha ! Ha ! Très, très bien. Oh ! Mais c'est de la girafe de très belle qualité. Votre fils fait très bien les choses. »

Parmi les cabarets littéraires, j'ai aussi connu celui d'Agnès Capri au 5 de la rue Molière, dans le 1er arrondissement. Agnès Capri y interprétait ses chansons avec sa voix d'enfant. Elle avait une jolie musicalité, une merveilleuse pureté et une technique irréprochable.

Elle vivait avec une femme et habitait au 9, quai Voltaire. On passait le porche de l'immeuble, on montait un escalier et on entrait dans l'appartement où trônait un piano à queue. L'endroit était somptueux.

Agnès Capri était une comédienne de théâtre formée par Dullin. Elle avait travaillé avec Pitoëff.

Pierre Prévert était l'âme de la Fontaine des Quatre-Saisons, 59, rue de Grenelle. J'y jouai *La Garde-Malade* de Monnier, avec Hubert Deschamps. La pièce montre un malade qui reçoit son médecin. Deux domestiques, deux concierges – Deschamps et moi –, s'interrogent mutuellement sur l'état de santé du malade.

J'avais beaucoup d'affinités avec Deschamps qui improvisait constamment ses personnages. Je lui répondais en prenant la voix d'une servante et un nouveau numéro commençait. Le spectacle était permanent.

C'est ainsi que nous avions créé le sketch des *Poinçonneuses du métro* à la Galerie 55. Nous avions puisé notre inspiration chez une habilleuse du théâtre La Bruyère qui s'appelait Madame Marcelle. J'écrivais directement mon texte. Deschamps en faisait autant. Cela nous prenait à peine deux heures.

À l'Amiral, le cabaret le plus connu de la rive droite, j'ai joué dans une revue qui s'intitulait *Pamp le Mousse*, avec Darry Cowl, Roger Carel, Deschamps et Jean Lefebvre.

Lefebvre intervenait au cours de la représentation et venait troubler le déroulement du spectacle. Des spectateurs furieux lui criaient :

– Ta gueule !

Ils croyaient que ce n'était pas prévu. Lefebvre disait :

– Je suis de Clermont-Ferrand, le pays du caoutchouc. Je voudrais chanter.

Un jour, un spectateur hors de lui a lancé :

– Je m'en occupe. Je vais le sortir.

Il s'est précipité sur Lefebvre et, avant qu'on ait pu l'en empêcher, l'a fichu dehors. Il l'a jeté à la rue avec une telle violence qu'il lui a cassé la jambe.

Je me souviens aussi du soir où Boris Vian a

chanté, et où un général, qui trouvait ses textes intolérables, s'est mis à hurler :

– Je m'en vais ! C'est un scandale de laisser passer de telles chansons !

Le Milord l'Arsouille, 5, rue de Beaujolais, était un cabaret tenu par Francis Claude. Un merveilleux personnage, très poétique et qui écrivait des textes d'un niveau supérieur à celui de sa clientèle. Le public du Milord n'était pas toujours très fin. Il était toutefois plus subtil que celui de la rive droite.

Si ses propres textes étaient bons, il arrivait à Claude de présenter des numéros assez lourds avec Louis Lions. Il était écrasé par son partenaire. Responsable du succès de l'établissement, il était obligé de faire ce type de concessions. Il adoptait un certain ton en présentant les numéros, et était plein d'attentions pour les artistes. À mon sujet, il disait : « Un enfant chéri de Charles Dullin. »

Je passai peu de temps à la Tête de l'Art, un établissement ouvert en 1961, et j'arrêtai le cabaret en 1962.

J'ai connu Serge Gainsbourg à ses débuts. Il avait commencé comme guitariste et pianiste au Milord l'Arsouille. Il chantait sans presque regarder le public. Il faisait encore de la peinture. Il aimait bien mon numéro, mais on ne peut plus rire quand on voit la même chose tous les soirs.

À peu près à la même époque, j'eus l'occasion de côtoyer Jacques Brel. Nous participions à des galas privés pour des médecins ou d'autres professionnels.

Entre les chansons les gens dansaient. Je passais en deuxième ou troisième partie. Brel me disait :

– Ce n'est pas la peine de forcer. Ce soir, le public est plein d'abrutis.

Je l'écoutais, bien entendu, car j'avais de l'admiration pour lui. On pouvait le considérer comme un comédien qui interprétait ses textes sur scène. Je l'ai toujours trouvé excellent dans ses films.

Entre 1946 et 1968, le cabaret a révélé des centaines d'artistes. Après la Libération, l'époque était sevrée de ce genre de spectacles où on pouvait se moquer de l'armée et des institutions, d'où le succès.

La disparition des cabarets au milieu des années 60 fut imputée à différents facteurs : les charges trop lourdes, l'inflation des cachets des artistes, le désintérêt progressif du public. Vers 1968 les cafés-théâtres apparurent, drainant une nouvelle clientèle.

J'aurais pu me tourner vers le music-hall, mais cela ne me tentait pas. En Belgique, aux environs de Bruxelles, je fis un spectacle qui durait plus d'une heure. Je répétais *L'Avare* pour la télévision belge et on me demanda de passer dans un cabaret où j'assurais la deuxième partie du spectacle. L'expérience dura deux ou trois semaines. Le public belge fut encore plus réceptif que celui de la rive gauche. Il avait l'habitude d'un certain climat insolite. Celui de mon spectacle l'était assurément.

Je suis reconnaissant au cabaret de m'avoir permis de gagner décemment ma vie, mais il a été aussi à l'origine d'un malentendu avec le public et une partie de la profession qui m'ont catalogué acteur comique alors que ma conception du théâtre a toujours été sérieuse.

10

Drôles de bobines

J'étais encore élève chez Dullin quand j'ai commencé à tenir des petits rôles au cinéma.

Lucien Arnaud affirme que Dullin n'aimait pas le cinéma, qu'il considérait comme un art mineur « auquel son immense amour du théâtre ne pouvait laisser une place convenable. Il tournait parce qu'il fallait vivre et pour que vive l'Atelier ».

L'attitude de Dullin à l'égard du cinéma était ambivalente. Il reconnaissait que « le bon cinéma apprendra à aimer le bon théâtre et le bon théâtre servira le bon cinéma », tout en déplorant le goût pour l'évasion et le confort du public de cinéma. Et d'ajouter que « pour les jeunes gens, le cinéma et l'auto sont des sujets inépuisables de conversation. C'est une mauvaise époque pour les poètes ».

Si la méfiance de Dullin pour le cinéma – et pour l'image se suffisant à elle-même – était réelle, il s'intéressait pourtant au septième art. Il nourrissait une grande admiration pour Chaplin et adorait l'acteur de westerns William S. Hart au point de poser dans une tenue de cow-boy qui accentuait sa ressemblance avec cette star du muet. N'avait-il pas, en outre, créé en 1927 la Société des films Charles Dullin, permettant à Jean Grémillon de réaliser son premier film, *Maldone*, dont le rôle titre était tenu par lui-même ? Et comment oublier ses compositions en Thénardier dans *Les Misérables* de Raymond Bernard ou en Corbaccio dans *Volpone* de Maurice Tourneur ?

Après l'avoir vu dans *Le Miracle des loups*, de Raymond Bernard, où il incarnait Louis XI de manière magistrale, les Américains, par l'intermédiaire de Fritz Lang, lui offrirent des ponts d'or pour l'attirer à Hollywood. Il refusa de partir parce que abandonner l'Atelier eût été une trahison à ses yeux et la négation de tous les sacrifices consentis, Madame Dullin ayant notamment vendu son argenterie pour éponger les dettes du théâtre.

Quant à moi, je n'envisageais pas vraiment de faire de même, sinon pour vivre de mon métier. Je ne trouvais rien de déshonorant à cela.

Cet art ne me fascinait pas particulièrement à l'époque, mais j'avais tout de même aimé des grands films, souvent boudés par le public, qui avaient eu un succès d'estime. Ce fut le cas pour *Drôle de drame* que je vis dans un cinéma de Biarritz où personne ne riait. Personne ne comprenait cette forme d'humour. Mon frère et moi avions trouvé les dialogues de Prévert d'une drôlerie irrésistible.

Je fis mes débuts à l'écran dans le film inachevé de Marc Allégret, *Le Corsaire*, qui se tournait aux studios de la Victorine. Madame Dullin avait dit à Marcel Achard :

– Ce serait bien que vous voyiez un de mes élèves.

Il me fit passer une audition chez lui. Je jouai une scène que j'avais déjà interprétée avec une de mes camarades de cours et fus engagé.

Dans *Le Corsaire*, j'avais un rôle très secondaire. La vedette était Charles Boyer qui revenait d'Amérique et ne s'était pas encore débarrassé de certaines expressions américaines :

– Voyons, c'est *camera right* ou *camera left* ?

Je l'ai retrouvé vingt ans plus tard dans *Maxime*, d'Henri Verneuil, où je tenais encore un rôle insignifiant. Boyer ne m'a certainement pas reconnu. Je suis passé devant lui comme le souvenir vague d'un passé lointain.

La première réplique que j'avais à dire dans *Le Corsaire* était :

– À l'abordage !

Marc Allégret reprit :

– Mais non, pas comme ça. Comme dans la vie !

Mais dans la vie, on a rarement l'occasion de crier « À l'abordage ! » Quoi qu'il en soit, la déclaration de guerre mit un terme à mes exploits de coureur des mers et le tournage du film fut interrompu.

Le cinéma était alors pour moi accessoire. C'était tellement passager que ça n'impliquait pas une longue préparation. Ne jouant que des personnages de second plan, je plongeais et improvisais. Tout le contraire du théâtre.

À l'écran, le jeu et la présence sont imposés par le personnage et surtout par le metteur en scène. Je n'ai jamais eu à décider d'un accent à prendre, par exemple.

L'acteur dépend entièrement de la technique. C'est le metteur en scène et le chef opérateur qui dictent ses mouvements. J'ai su très tôt me placer par rapport à la caméra. En Italie, j'indiquais le numéro de l'objectif au directeur de la photo.

Aucun personnage ne m'a posé de problèmes physiques ou psychologiques. Le matin, j'allais au maquillage puis me rendais sur le plateau où je faisais la connaissance des autres comédiens, du metteur en scène et de l'équipe technique. Le processus était toujours le même.

Le premier rôle qui m'ait donné quelque satisfaction au cinéma fut celui de Fernand Lourtier dans *Premier de cordée* que Louis Daquin réalisa en 1943. J'avais été recruté par un assistant que je connaissais, Guy Decomble. Ce merveilleux autodidacte, pilier du groupe Octobre et écrivain adroit fut forain, le temps d'un *Jour de fête* pour Jacques Tati. Plein d'humour, il était capable de certaines excentricités tout en gardant son sérieux. Il était en cela assez proche de Latour.

N'ayant aucune autre proposition, j'acceptai l'offre de Daquin. Travailler sur *Premier de cordée* me rapportait 10 000 francs par semaine, alors qu'au théâtre je devais gagner 200 francs par jour.

Premier de cordée se tournait en décors naturels dans la région de Chamonix. Les conditions de tournage étaient difficiles puisqu'il n'y avait pas de moyens de locomotion. On était obligé de monter à pied. Il fallait beaucoup marcher, et certains endroits étaient délicats, mais quand on est jeune, on se débrouille. L'aller était long, le retour beaucoup plus rapide. Nous faisions des concours de descente.

Il y eut quelques accidents. Nous dûmes retourner certaines scènes, car Roger Pigaut qui avait été pressenti pour tenir le rôle principal avait fait une chute. Il s'était cassé le bras au cours d'une démonstration d'escalade à l'école de Chamonix. Il était par conséquent incapable de reprendre son rôle et fut remplacé par André Le Gall. Je rejouai mes scènes une seconde fois et fus bien meilleur que lors des premières prises où j'avais eu un trac terrible. J'eus notamment l'impression d'être moi-même lors du tournage d'une scène où j'assistais à un combat de vaches auquel prenait part une de mes bêtes.

Avant ma double expérience cinématographique et montagnarde, j'avais décroché le rôle d'un marchand de marrons dans *Adieu Léonard*, de Pierre Prévert. Charles Trenet y incarnait un personnage lunaire, entouré de représentants de petits métiers en voie de disparition.

Adieu Léonard fut tourné en décors naturels à Dax. Je partageais ma couchette de wagon-lit – nous étions logés dans un train – avec Pierre Collet, un comédien qui était passionné de cinéma américain au point de parler presque avec un accent yankee. Nous prenions nos repas ensemble et discutions le soir.

Je me rappelle avoir demandé à Pierre Prévert :

– Comment voyez-vous mon personnage ?

– Très net, m'avait-t-il répondu.

Je retrouvai Pierre Prévert quelques années plus tard alors qu'il dirigeait la Fontaine des Quatre Saisons.

Ma carrière cinématographique ne débuta vraiment qu'après la guerre, en 1946, avec le film de Maurice Gleize, *Le Bateau à soupe*. Je me souviens de mon arrivée à Saint-Malo. J'étais venu à moto. Il avait beaucoup plu et je portais un cuir complètement mouillé. En ville, je trouvais bientôt le confort d'une chambre qui fit de moi le plus heureux des hommes.

Nous essayâmes de tourner sur l'eau, mais tout le monde eut le mal de mer, à l'exception du capitaine du bateau, de Charles Vanel et de moi. Le reste de l'équipe passa son temps à vomir. Nous dûmes finir le film dans les studios de Joinville.

Nous avions commencé à tourner au début de l'été et le film ne fut terminé qu'en novembre. Entre-temps j'avais repris mon rôle de Smerdiakov des *Frères Karamazov*. Portant une barbe dans *Le Bateau à soupe* et incarnant un Smerdiakov imberbe, je fus obligé de me raser et on me colla une fausse barbe. Au moindre coup de vent, ma barbe postiche menaçait de s'envolcr, cc qui mcttait cn joic Vanel et l'équipe.

Si je n'ai pas de souvenirs précis des metteurs en scène qui m'ont dirigé au cinéma dans les années 40-50, je me souviens bien en revanche de ma collaboration avec Jean Devaivre qui est devenu un ami. Nous avions fait notre service militaire à la même époque au 2e hussard de Tarbes, mais j'avoue ne pas me rappeler l'avoir rencontré alors. Sans doute avait-il suivi les RER qui formaient les élèves officiers de réserve, alors que je n'étais qu'un simple brigadier. Peut-être m'avait-il vu exercer mes talents comiques au mess des sous-officiers ?

Notre premier film en commun fut l'excellent *La Ferme des sept péchés*. J'incarnais François l'Innocent, le domestique étrange de Paul-Louis Courier dont certaines des attitudes pouvaient rappeler Smerdiakov.

Dans son autobiographie, *Action ! : Mémoires, 1930-1970*[1], Devaivre vante mes talents de cavalier : « À la fin du film, lorsque pour essayer de sauver son maître, il s'accroche au cheval d'Herminie en plein galop, il va démontrer ce qu'un cavalier de l'armée pouvait faire. Comme les voltigeurs au temps de Napoléon Ier, il va parcourir des kilomètres suspendu aux côtés d'Herminie, les jambes recroquevillées, les mains accrochées au pommeau et au troussequin de la selle, touchant terre seulement à quelques reprises pour rebondir et reprendre la position. »

Il me fut difficile de m'accrocher à l'étrivière. Je ne pus la prendre ni d'un côté ni de l'autre, car le cheval connaissait la leçon et, dès que je mettais ma main au-dessus, il se défendait. Cela étant, les cascades que j'eus à accomplir dans le film étaient faciles et un fantassin aurait pu les exécuter… plus ou moins bien.

Jacques Dumesnil, qui interprétait Paul-Louis Courier, était sérieux et préparé. L'inoubliable Pierre Renoir incarnait un procureur de la république. Il était de ces acteurs qui vous mettent en confiance. Je jouais

1. Éditions Nicolas Philippe, 2002.

un innocent et il semblait presque croire que j'étais vraiment un malheureux attardé. Il était protecteur, paternel et se comportait comme un grand frère.

Herminie était jouée par Claude Génia que j'ai retrouvée plus tard au théâtre pour la pièce de Georges Conchon, *Pourquoi pas vamos ?* Dans cette œuvre, inspirée de l'histoire du couple Peron, Claude Génia interprétait Evita Peron, et j'incarnais un conseiller qui tournait autour de Peron. La pièce était une satire. Jean Mercure – qui n'était pas un rigolo – la mettait en scène.

Dans *La Ferme des sept péchés*, Marcel Pérès tenait un petit rôle. Anouilh l'aimait beaucoup et le fit souvent travailler.

De son vrai nom Marcel Farenc, Pérès était gascon. Fils d'un coiffeur de Castelsarrasin, il avait choisi pour pseudonyme le nom de son beau-père, un ancien séminariste devenu le directeur d'une troupe de théâtre ambulant. Ils parcouraient la France en famille dans un camion qui, pouvant s'ouvrir sur un des côtés, se transformait en plateau de théâtre.

C'était un personnage attachant. Il avait l'accent naturel gascon. Il faisait un peu de peinture et était ami avec des peintres de Montparnasse. On le considérait comme un amuseur, mais il avait joué le Colonna des *Cenci* dans la mise en scène d'Artaud. Il avait de gros sourcils qui effrayaient les enfants. Sa sœur était la comédienne Jeanne Pérez.

Je suis allé une fois à la pêche avec Marcel Pérès. J'avais un camarade, Philippe Depoix, dont les parents possédaient tout un marais – le marais Vernier –, à côté du futur pont de Tancarville. J'avais la possibilité de coucher dans la maison qui était à côté. Des gardiens tenaient une barque prête à partir pour y accéder. Chaque partie de pêche était une vraie expédition.

Je retrouvai Jean Devaivre en 1949 pour *Vendetta en Camargue*. Je jouais un gitan antipathique et voleur de bétail poursuivi par Jean Paqui – brillant cavalier également connu sous le nom du chevalier d'Orgeix – qui me prenait au collet et m'étranglait. Il y avait aussi Rosy Varte que j'avais présentée à Devaivre. Nous n'avions pas de cascadeurs pour régler les scènes d'action qui étaient plus ou moins improvisées. Devant faire une prise de judo à la charmante Brigitte Auber, je me révélai un lutteur des plus médiocres. Mon manque de pratique fut sanctionné par des douleurs qui durèrent plusieurs jours.

En 1949, j'eus également le projet de réaliser un moyen-métrage, d'une durée d'une heure environ. Comme les moyens manquaient, je m'étais procuré des anciens phares de voiture pour en faire des projecteurs. Je souhaitais filmer en 16 mm cette bande presque muette, et m'étais renseigné sur les tarifs de location de caméras. Je pensais tourner aux environs de Mirande le sujet que j'avais imaginé et écrit. L'essentiel de l'action se déroulait dans une petite église. Cela se passait le dimanche matin à la messe. Une femme avait été témoin d'un crime, une autre se confessait. J'avais envisagé de confier l'un des rôles principaux à Tsilla Chelton, alors mon élève à l'EPJD où elle était prodigieuse.

Alors que je préparais le film et recherchais un producteur, je rencontrai Alfred Chaumel, un ancien gouverneur des Colonies : « Votre histoire m'intéresse, me dit-il, mais avant, je souhaiterais que vous tourniez pour moi un court-métrage d'après *Les Étoiles* d'Alphonse Daudet. » J'acceptai sa proposition et écrivis une adaptation qu'il approuva. Je demandai à Dullin de dire ce beau texte de Daudet : « C'était du temps où je gardais mes bêtes dans le Lubéron. Je restais des heures entières à contempler les étoiles. »

Je fis la mise en scène qui consistait, en l'occurrence, à dire : « Moteur ! » et « Coupez ! » Il n'y avait pas d'indications à donner puisque j'étais le seul interprète du film, avec Jeannette Picot, que je connaissais du cabaret, future mère du Petit Gibus, Martin Lartigue.

Le film n'était pas mauvais mais il laissa le public indifférent et ne passa pas à la postérité.

Je ne sais pas exactement ce qui m'a poussé à la mise en scène. Ayant déjà fait beaucoup de cinéma, j'ai simplement eu envie de réaliser un film à mon tour. En tout cas, on ne m'a plus jamais proposé de renouveler l'expérience.

Dans les années 50, le cinéma était un gagne-pain qui ne me laissait pas la possibilité d'expérimenter des choses très différentes de ce que je faisais au théâtre. Les rôles qu'on me confiait étant brefs et pour la plupart insignifiants.

J'eus toutefois l'occasion de travailler avec de fortes personnalités comme Michel Simon. Nous avons tourné trois films ensemble. Si je ne garde aucun souvenir du tournage du *Rideau rouge*, l'unique film d'André Barsacq, je me rappelle les brèves conversations que j'eus avec Michel Simon sur le plateau du *Chemin de Damas*. Il campait Caïphe tandis que je prêtais mes traits à l'apôtre Pierre.

Nous n'avions que des discussions banales, mais j'étais impressionné par son physique, par ce qu'il était et par ce qu'il montrait de sa personnalité au cinéma. C'était un personnage d'une sincérité et d'une authenticité indiscutables. Il avait une gueule extraordinaire, déformée par des grimaces fascinantes. Sa voix et sa manière de parler étaient inimitables – ceux qui s'y sont essayés se sont ridiculisés en n'en donnant qu'une pâle copie dépourvue d'âme.

Nous n'avions pas de scènes en commun dans *Saadia*, le film improbable qu'Albert Lewin tourna en 1953, après *Pandora*, son chef-d'œuvre.

Je fus convoqué par une directrice de casting qui me présenta à Lewin, un monsieur poli et calme, s'exprimant intelligemment en français.

Je ne savais pas qu'il y avait autour de lui une vraie légende et qu'il était amateur d'art. Nos rapports furent cordiaux et détendus.

Je me souviens encore de mon texte. C'était la première fois que je tournais dans une langue étrangère. Je travaillais avec un répétiteur, ce que je fis également lorsque j'eus à interpréter Marat dans la double version du *Marie-Antoinette* de Jean Delannoy.

Saadia fut tourné au Maroc. J'étais un chef de bande arabe particulièrement retors qui finissait au bout d'une baïonnette. Des acteurs britanniques jouaient des soldats indigènes combattant aux côtés des Français. Je m'incorporai à leur troupe avec facilité, d'autant que j'eus la chance de travailler avec un Anglais dont la mère était française. Il avait beaucoup de dialogues avec moi. Comme il parlait couramment notre langue, cela simplifiait les choses.

On ne m'avait pas engagé pour mes qualités de cavalier. On me demanda, bien sûr, si je savais monter, mais je ne suivis aucun entraînement. Les chevaux arabes sont des animaux qui ont un caractère entier, plutôt difficile, mais quand on est un cavalier aguerri, qu'on a des jambes et qu'on sait se servir de ses rênes, on peut monter n'importe quel type de cheval.

Je me retrouvai bientôt à la tête de vrais cavaliers marocains qui avaient une sérieuse formation. Je me souviens de la descente d'une colline où nous tirions à la carabine. Nous utilisions des fusils à poudre noire, ce qui fait que nous finissions la chevauchée le visage totalement noirci. Nous n'avions pas besoin d'éperonner nos montures. Les chevaux arabes, remarquablement dressés par leurs propriétaires, descendaient au grand galop en slalomant entre les rochers.

Mon personnage apparaissait uniquement dans des scènes d'extérieurs tournées du côté de Chichaoua, la capitale du tapis, près de Marrakech. Nous rentrions le soir à l'hôtel en voiture. Les conditions de tournage étaient confortables.

Nous logions dans l'hôtel de la Mamounia. J'avais une chambre magnifique au rez-de-chaussée. On entendait les chants des oiseaux et d'autres bruits d'animaux. En dormant la fenêtre ouverte, nous avions l'impression d'être en vacances.

Le matin, je m'habillais et allais au maquillage. Je portais un turban et étais déguisé en pauvre hère. Des gens qui entraient à la Mamounia me donnaient une pièce. Ils me voyaient ensuite monter à l'arrière d'une superbe voiture américaine et la stupeur qui se lisait sur leur visage était un vrai régal.

Je me suis adapté aux conditions de tournage des Américains. Au cinéma, rien ne change fondamentalement : les techniciens sont les mêmes partout. Je n'ai pas eu de difficultés avec mes partenaires qui ont eu l'amabilité de ne pas grimacer en écoutant mon accent épouvantable.

Toujours en 1953, je tournais en Espagne. *Sang et Lumières* de Georges Rouquier et Ricardo Muñoz Suay était réalisé en double version. Le titre espagnol était *Sangre y Luces*.

Je connaissais l'Espagne grâce à un excellent professeur qui enseignait l'espagnol d'une manière originale en sifflant des airs ibériques. J'avais depuis pratiqué la langue avec des hispanisants et la parlais avec une certaine facilité et un bon accent.

Le toréador du film, Ricardo García, était interprété par Daniel Gélin. Mon personnage s'appelait Chispa. C'était l'homme de confiance de Gélin, un *banderillero*. J'assistai à ma première course de taureaux.

Ayant des scènes dans l'arène – filmées *en la Monumental de Madrid* –, je pris des leçons pour appeler les six taureaux de la corrida. On m'apprit à porter ma cape d'une certaine manière, à la déployer au moment où le taureau arrivait et à me retirer *in extremis* derrière le *burladero* protecteur.

Il me fallut ensuite mettre en pratique cet apprentissage et entrer dans l'arène au centre de laquelle se trouvait Daniel Gélin. Une certaine inquiétude nous gagnait quand le taureau chargeait.

Les scènes de corrida étaient tournées devant des figurants. Les conditions de sécurité n'étaient pas optimales. Une de mes doublures fut encadrée par les cornes du taureau. Nous prenions des risques. La scripte disait à ma femme que je leur avais fait peur. J'avais conscience du danger.

J'eus de bons rapports avec Daniel Gélin qui s'amusait à me parler paysan avec mon accent. Quelquefois, derrière le *burladero*, j'avais envie de lui dire :

– Arrête. C'est trop dangereux ce qui se passe devant.

Un taureau nous fonçait dessus, ce qui était tout de même embêtant.

Rouquier était devenu célèbre avec *Farrebique*, un documentaire qui peignait la vie d'une famille de paysans français d'après-guerre. Je n'avais pas vu ce film, mais Rouquier connaissait peut-être mon passé de paysan.

Les producteurs français financèrent dans les années 50 d'innombrables bandes historiques qui, de la cour des Miracles de *Notre-Dame de Paris* au XIXe siècle de *Milord l'Arsouille*, me firent traverser les siècles. Je fus successivement valet d'aristocrate (*Caroline chérie*), policier (*Le Chevalier de la nuit*), directeur de cirque louche quoique habile lanceur de couteaux (*Cadet Rousselle*) avant de me retrouver de l'autre côté de la lame dans *Marie-Antoinette*.

Je me sentais parfaitement à mon aise sur les plateaux de *Marie-Antoinette* ou *Notre-Dame de Paris*. Dans de telles superproductions, après avoir répété la scène avec un assistant – en l'occurrence Pierre Zimmer –, on la tournait sous la direction du metteur en scène.

Jouer dans une langue étrangère ne m'a jamais posé de problème. Le principal handicap est l'accent, mais, dès l'instant où vous comprenez ce que vous dites, il n'y a pas de raison pour que votre prestation soit inférieure à celle que vous auriez donnée dans votre propre langue. Je me trouve meilleur dans la version anglaise de *Marie-Antoinette*.

Sur *Notre-Dame de Paris*, Roger Blin n'arrivait pas à dire une certaine phrase. On me demanda de la prononcer à sa place, ce qui étoffa mon rôle.

Notre-Dame de Paris fut le premier des deux films que je tournai avec Anthony Quinn. C'était un acteur étonnant, très physique, expressif – on n'avait pas besoin de comprendre la langue qu'il parlait –, et qui prenait immédiatement la voix qu'exigeait la situation. Lorsqu'on venait le chercher dans sa loge pour tourner, il était habillé et maquillé. Il entrait dans son rôle comme on plonge dans une eau bouillante ou glacée.

Nous nous retrouvâmes en Italie, en 1963, pour tourner dans *La Rancune*, une adaptation de la pièce de Dürrenmatt *La Visite de la vieille dame*, produite par Darryl F. Zanuck pour la Fox.

Ingrid Bergman tenait le rôle principal et n'était pas du tout le personnage tel qu'on pouvait l'envisager à la lecture de la pièce – Dürrenmatt était d'ailleurs furieux de ce choix et eût préféré voir Bette Davis dans le rôle –, mais elle s'en tira et son interprétation fut irréprochable.

De *La Rancune*, il me reste des souvenirs de scènes d'engueulades entre Bernhardt Wicki et Anthony Quinn. Le cinéaste montait dans la roulotte de sa star masculine – qui était aussi coproducteur du film – et la discussion devenait rapidement houleuse. Le directeur de production, Christian Ferry, venait nous voir :

– Le tournage est suspendu. Aujourd'hui vous avez quartier libre.

Ça arrivait souvent. J'étais défrayé et j'allais boire un whisky à l'hôtel de la Ville, près de la villa Médicis, qui avait une clientèle d'acteurs français.

Anthony Quinn me proposa de m'engager dans son prochain film, *Zorba le Grec*. J'acceptai avec joie, mais il m'oublia et partit danser le sirtaki avec Alan Bates.

J'allais sans vergogne glaner ma pitance dans les innombrables champs de navets cultivés par le cinéma français. En ces temps où les producteurs maraîchers faisaient fortune, les studios de cinéma ressemblaient de plus en plus aux halles de Rungis.

Après avoir eu ma période films d'époque, je participai à la vogue de ces comédies bon marché, et souvent insignifiantes, où l'on retrouvait la plupart des comédiens issus du cabaret.

À partir du moment où le cachet au cinéma restait supérieur à ce qu'on me proposait au théâtre, le choix des films et leur médiocre qualité m'indifféraient. C'était pour moi le grand luxe.

Marceline Lenoir était mon agent depuis 1955.

Avec Dominique Paturel, je pense avoir été un de ses premiers clients. On m'envoyait directement les scénarios ou c'était elle qui me les faisait parvenir. Je n'ai pas souvenir d'avoir refusé beaucoup de choses, à l'exception de quelques films impossibles à tourner pour des questions de sujet ou de titre.

J'ai campé – souvent le temps d'une seule scène – une ribambelle de personnages supposés pittoresques qui allaient du domestique à l'inspecteur de police. Cantonné la plupart du temps à des personnages sympathiques, gentiment lunaires, excentriques et inoffensifs, il m'arriva, le temps d'un film, de me muer en terrible gangster jouant de la mitraillette en virtuose. Dans *Jusqu'au dernier* de Pierre Billon, j'incarnai Pépé, brute à front bas et à l'élégance discutable, qui abattait ses complices dans le dos, frappait allégrement Jeanne Moreau, supprimait Lila Kedrova, et faisait passer à Orane Demazis l'envie de retrouver son accent provençal.

Le film se déroulait dans le milieu du cirque. Est-ce à cette occasion qu'accompagné d'un camarade de Montmartre, Duverger, je me retrouvai une nuit face à un forain de la place Carnot, à Courbevoie, qui voulut me vendre son manège ? Je discutai sérieusement, ce qui amusa Duverger. Je dis au forain :

– Ce cochon est bien, mais il a un sourire qui ne me plaît pas.

– On ne peut pas l'arranger, me fut-il répondu.

L'affaire ne se fit pas et le cochon au sourire déplaisant resta bien gardé.

Parmi les curiosités dans lesquelles j'apparus dans les années 50 se trouve *The Happy Road*, de Gene

Kelly. J'y interprétais un cycliste qui prenait part à une course de vélos. Les autres participants étaient de vrais coureurs et étaient embêtés car j'allais trop vite.

Je n'avais donc pas d'ambition particulière. Les rôles se présentaient et je les jouais. Il n'y avait pas de vie future à envisager. Je ne nourrissais aucun espoir. Je n'avais pas beaucoup le temps d'aller au cinéma et ne connaissais pas forcément les metteurs en scène qui s'adressaient à moi. Par exemple, je savais qui était Delannoy, mais je n'avais pas de satisfaction particulière à travailler avec lui.

En 1959, je retrouvai Yves Robert, mon camarade de la Rose rouge, devenu ensuite un metteur en scène de cinéma important. Sur le plateau de *Signé Arsène Lupin*, il fut le plus charmant des réalisateurs. Il connaissait mes possibilités et savait ce qu'il pouvait obtenir de moi.

Je devais conduire une Bugatti Type 44. Elle avait un emplacement des pédales particulier. La pédale d'accélérateur était au milieu, la pédale d'embrayage à gauche, et la pédale de frein à droite. Le risque de confondre l'accélérateur avec le frein était grand.

J'avais à tourner une scène avec de faux gardes républicains à cheval. Je faisais une marche arrière. Bien qu'ayant pris la mesure de la distance, je me suis arrêté presque au bord du champ possible. Je ne cessais d'appuyer sur l'accélérateur au lieu d'appuyer sur le frein.

Sur ma dernière Type 44 – j'ai donné la précédente à un collectionneur suisse –, l'emplacement des pédales était normal. L'accélérateur était à droite et pas au milieu.

Le cinéma me donnait l'occasion de retrouver des camarades de cabaret. Dans *Le Travail, c'est la liberté*, Deschamps et moi jouions des agents qui escortaient trois prisonniers de droit commun – interprétés par Raymond Devos, Sami Frey et Gérard Séty – réquisitionnés pour vider les poubelles parisiennes pendant la grève des éboueurs. Je me rappelle un échange avec Deschamps : « Quelle différence y a-t-il entre une nourrice et un pont ? – La nourrice montre son sein, et le pont s'affaisse. »

À partir de 1960, de jeunes metteurs en scène commencèrent à faire appel à moi. Louis Malle me confia le rôle du savetier dans *Zazie dans le métro*. Je devais jouer un autre personnage et, au dernier moment, j'ai interprété ce Gepetto de Paris. La plupart des acteurs du film venaient du cabaret et de l'univers de Saint-Germain-des-Prés.

Le péplum italien était aussi à son apogée. La plupart de ces bandes colorées étaient coproduites par la France. Rien d'étonnant à ce que je me retrouve en Yougoslavie vêtu à l'antique dans *Les Vierges de Rome* de Vittorio Cottafavi. Louis Jourdan, Nicole Courcel, Michel Piccoli, Jean Chevrier, Renaud Mary, Nicolas Vogel et moi-même donnions la réplique à la britannique Sylvia Syms et à de nombreux Italiens.

Nous nous déplacions sur le Danube. On avait organisé un voyage avec quelques escales. Il y avait des paysannes dans les églises qui égrenaient des chapelets et paraissaient prises par leurs prières. On avait l'impression de les déranger. J'aimais cette atmosphère recueillie et authentique qui me faisait penser à un jour de visite dans une église en Gascogne.

C'était la Yougoslavie de Tito. Nous étions surveillés et notre liberté de mouvement était restreinte. À l'hôtel, nous devions nous arrêter à notre étage.

En 1961, Georges Lautner me choisit pour jouer le guide du château – une référence évidente à *La Visite du château* – dans sa parodie de film d'espionnage, *Le Monocle noir*.

Je me rappelle les repas avec Paul Meurisse. Il était égal à lui-même et à ce qu'il était dans les films. Ses opinions étaient tranchées. Assez distant, il avait beaucoup d'esprit et un humour à froid dont il était conscient et qu'il maîtrisait à la perfection. Il en profitait et le pratiquait tout en étant apparemment détendu. Il avait la manière d'articuler précise d'un mathématicien démontrant un théorème au tableau noir.

Je l'avais vu en 1939, pendant la guerre, à l'époque où il se produisait à l'Amiral. J'étais en compagnie de Madeleine Robinson et de mon frère. Meurisse chantait alors « Cui-cui, cui-cui, le petit oiseau joli ». Il n'avait encore débuté ni au théâtre ni au cinéma.

À sa demande, je m'asseyais à côté de lui sur le siège arrière de la voiture que la production avait mise à sa disposition. Ainsi installés, nous déjeunions ensemble. Beaucoup de gens s'approchaient pour obtenir son autographe. Comme ça l'ennuyait, il signait « Françoise Rosay ».

Il était très secret. Nous parlions fréquemment des

gens qui nous entouraient sur le tournage. Usant de son humour caustique, il soulignait les défauts de chacun d'une manière juste et incisive.

Bien que ne l'ayant jamais vu monter, je savais qu'il était un excellent cavalier. Il titra ses Mémoires *Les Éperons de la liberté*.

Dans *Le Monocle noir*, je donnais aussi la réplique à Pierre Blanchar, mais la scène était filmée en champ-contre-champ, ce qui fait que je n'eus pas de véritable échange avec lui. En revanche, je l'avais rencontré à la radio. Je l'imitais et l'imite encore très bien : « Il a raison. L'Atlantide existe. Non, je n'ai pas la fièvre. Je n'ai pas besoin de faire un tour en Europe. Écoute, nous étions partis, Morhange et moi… » Je l'avais admiré dans *Crime et Châtiment* de Pierre Chenal, alors que j'étais au 2e hussard à Tarbes.

11

Bandes à part

Ma rencontre avec Jean-Pierre Mocky date des *Snobs*.

J'avais une scène avec Jean Tissier et il m'arrivait de me tromper sur le texte. Je m'excusais à chaque fois :

– Pardon. Pardon, Monsieur Tissier.

Tissier, persuadé que je me foutais de lui, me disait :

– Ah non ! Arrêtez, tout de même !

Je reprenais mon texte et me trompais de plus belle. Nouvel arrêt, nouvelles excuses. Il s'est fâché avec moi, croyant que je faisais exprès de me tromper ou de lui demander pardon. À la suite de ça, il est venu me voir plusieurs fois au cabaret et, à chaque fois, il s'amusait à mettre sa chaise à l'envers, pour montrer son mépris en me tournant le dos. Il feignait de m'ignorer. Il était susceptible. C'était la première fois que j'étais fâché avec un de mes partenaires.

En 1961, Jean-Pierre Mocky était déjà un réalisateur pas comme les autres. Il disait sur un ton fébrile :

– Allez, moteur ! Moteur !

Il était constamment pressé et en retard sur son plan de tournage. Il travaillait dans des conditions acrobatiques. Il semblait toujours surpris par l'heure et arrivait à la fin de la journée avec une liste impressionnante de plans à tourner.

Quand vous travailliez avec Mocky, il vous parlait plus ou moins du rôle, puis il criait inévitablement :

– Moteur ! Allez, on y va. Moteur !

Je crois qu'il avait envie de dire « Coupez ! » avant la fin de la scène.

Il y a incontestablement un ton Mocky. Il a déformé ses acteurs pour les intégrer à son univers insolite. Je n'y ai probablement pas échappé, mais sur *Snobs* je faisais surtout attention à ne pas gêner Tissier.

Je rejoignis les « Mocky's Follies » à trois reprises : *La Cité de l'indicible peur* (qui sortit une première fois sous le titre imbécile *La Grande Frousse*), *Chut !* (dans lequel je tenais le rôle principal) et *Y a-t-il un Français dans la salle ?*

Pendant le tournage de ce dernier film – dans lequel j'incarnais un maître chanteur –, Mocky et sa vedette masculine, Victor Lanoux, eurent quelques divergences de vues et s'engueulèrent pas mal.

L'ambiance sur le plateau était toujours bordélique. Mocky hurlait :

– Moteur ! Coupez !

L'équipe gémissait :

– Mais nous ne sommes pas prêts !

Mocky m'a proposé de tourner dans *Le Miraculé*.

J'ai évidemment refusé de participer à cette charge contre Lourdes tout en reconnaissant que certains commerçants de la ville exploitent la foi religieuse de leurs semblables à la manière des marchands du Temple.

La Guerre des boutons, d'Yves Robert, tournée aussi en 1961, fut un triomphe commercial. Je jouais le père d'un des jeunes héros. De ce film, je me rappelle surtout sa présentation au cinéma des Abbesses. J'étais venu accompagné de mon petit-neveu qui est chirurgien maintenant. Yves Robert m'avait demandé de laisser au premier rang Petit Gibus qui était plus important que les acteurs adultes. Je trouvais ça tout à fait normal. Le succès du film n'a eu aucune répercussion sur ma carrière.

La Poupée me donna l'occasion de rencontrer un cinéaste singulier, Jacques Baratier. Le scénario était d'Audiberti. J'incarnais à moi seul le chœur antique du film. J'avais demandé à interpréter Théodora, une vieille domestique indienne à l'accent espagnol qui commentait les événements en improvisant des chansons : « Hors des villes et des maisons / Quelle est la plus belle maison ? / C'est la grande maison où règne Don Guillermo Lloïra Moren. » J'apparaissais à l'écran tel qu'Audiberti avait décrit le personnage : « Elle porte le dur couvre-chef de feutre noir en forme de chapeau melon, qu'affectionnent encore certaines populations indigènes. Ses quatorze jupes superposées, ses cheveux raides et noirs, et son visage aux pommettes barbares, font d'elle un échantillon folklorique. »

Baratier est un marginal dans le monde du cinéma. Il a toujours eu du mal à monter ses films. Il habitait l'appartement de son père, le général Baratier de Rey, qui avait accompli une traversée épique du Tchad. Il m'avait invité chez lui. Il avait deux filles. En guise de suspension dans la salle à manger, au-dessus de la table mise, était accroché un manche à balai, et ses filles s'y suspendaient à droite et à gauche. Audiberti était très impressionné par ça.

Baratier m'a donné une 2 CV pour me défrayer. La voiture était cotée 10 000 anciens francs. Elle penchait sur la gauche, car il lui manquait une pièce de suspension. Je la fis réparer et elle servit à apprendre à conduire à beaucoup de gens.

Il est toujours égal à lui-même, plein de projets. Il m'écrit des lettres qu'il termine par : « À bientôt. » Je me suis senti à l'aise avec lui ou avec Mocky qui sont tellement pris par l'action qu'ils peuvent se retrouver devant la caméra en plein milieu du tournage d'une scène. Ils ne se rendent pas compte que les acteurs sont à côté d'eux. Ce sont des personnages qui comptent dans mon souvenir, des hommes originaux et talentueux.

En 1963, j'ai retrouvé Baratier pour *Dragées au poivre*. Le film était écrit par Guy Bedos qui en était aussi le coréalisateur. L'ambiance était détendue. Certaines chansons du film furent écrites par Audiberti. La distribution était hétéroclite et éblouissante. Elle réunissait – outre le couple Guy Bedos-Sophie Daumier – Simone Signoret, Jean-Paul Belmondo, François Périer, Francis Blanche, Monica Vitti, Georges Wilson, Roger Vadim, Françoise Brion, Jean Richard, Jean Babilée et une vingtaine d'autres comédiens.

Pour ma part, j'interprétais un professeur de strip-tease du nom d'Alphonse Rakanowsi.

En 1965, je tournai un troisième et dernier film sous sa direction, *L'Or du duc*. Je jouais le secrétaire d'un jeune duc interprété par Claude Rich. Mon personnage n'était pas recommandable. Il voulait dérober à son patron un bus à impériale en or.

N'ayant jamais conduit d'autobus, je pris des leçons. Il me fallait décrocher le permis poids lourds. Nous commençâmes le tournage sans que je sache comment fonctionnait mon engin. Étant familier des Bugatti, la conduite à droite ne me gêna pas. Le bus était rempli de figurants. Je descendis du trottoir. La scène fut évidemment démultipliée à l'écran. Je pris ensuite la route. Les assistants m'encourageaient :

– Il faut y aller.

Nous croisions des voitures dont les chauffeurs devaient être persuadés d'avoir affaire à un danger public. Malgré tout, la promenade se termina sans la moindre victime.

La Communale, en 1965, me permit de faire la connaissance de Jean L'Hôte. Encore un poète du farfelu. Il racontait qu'un de ses oncles était parti de Paris pour Bordeaux, et il narrait cela à la manière d'un récit de voyage. Il décrivait Bordeaux comme une ville exotique et inconnue peuplée de primitifs. « Les Bordelais sont très curieux. Il y a des jardins chez eux avec des bananiers et des cocotiers » – ce qui est vrai d'ailleurs. Il avait été frappé par le climat de Bordeaux. L'Hôte était intarissable sur cet oncle qu'il évoquait de façon imagée. C'était un langage naturel qui provoquait l'admiration de son auditoire.

J'ai travaillé une fois encore sous la direction de L'Hôte, en 1969 et pour la télévision. *Le Huguenot récalcitrant* racontait l'histoire de catholiques et de protestants à l'arrivée d'un canon en terre protestante. J'interprétais le rôle d'un des responsables du canon qui traquait le Huguenot récalcitrant du titre.

J'ai beaucoup travaillé pour la télévision. J'ai joué dans des dramatiques tournées en direct dans les années 50. Au début des années 80, sous les traits de l'intraitable inspecteur Juve, j'ai traqué Fantômas sous les caméras de Claude Chabrol et Juan Luis Buñuel dans quatre *Fantômas* d'excellente facture.

Mon dernier téléfilm date de 2000. Intitulé *Le Vieil Ours et l'Enfant*, il raconte la rencontre d'un vieillard et d'un gosse. Je ne suis pas de ces comédiens qui sont effrayés à l'idée de tourner avec un enfant ou qui répugnent à donner la réplique à des amateurs. Les enfants sont des acteurs naturels. Ils sont immédiatement plausibles. Quant aux acteurs non professionnels auxquels j'ai pu avoir affaire, je les ai toujours considérés comme des interprètes à part entière.

J'avais immédiatement remarqué le réalisateur du *Vieil Ours et l'Enfant*, Maurice Bunio – un homme qui se démarquait de ses confrères : il aimait les vaches et avait l'intention de faire un film avec ces aimables bêtes à cornes. Un réalisateur qui vous offre un livre sur les vaches ne peut pas être complètement mauvais. Grâce à lui, j'eus le plaisir d'avoir de très belles scènes avec Marie-Christine Barrault, si émouvante et si belle.

Une de mes scènes inquiétait Marcel Jullian, le scénariste. Du bout des lèvres, je devais donner à manger une biscotte à un ours qui la prenait délicatement entre ses mâchoires. J'y parvins avec facilité et sans aucune crainte. Une dame était là pour intervenir en cas de problème et une claire-voie de fer bloquait l'animal. Bunio téléphona immédiatement à Jullian pour le rassurer.

Tourné avec peu de moyens en 1965, *L'Inconnu de Shandigor* de Jean-Louis Roy fut un brillant cocktail de film d'espionnage, de science-fiction et de bandes dessinées, dans lequel l'Annulator – invention mise au point par un savant atomiste incarné par Daniel Emilfork – intéressait des espions de toutes sortes, parmi lesquels on trouvait des Américains, des Russes, des « Chauves » (!) et même un Asiatique d'origine extraterrestre. Ben Carruthers, Howard Vernon et Serge Gainsbourg étaient également de l'aventure. Je jouais, pour ma part, un Russe nommé Schostakovitch. J'avais emporté mes bottes dont j'eus à me servir. C'était de belles bottes de Saumur avec des éperons. La première vision qu'on a de moi dans le film, c'est un panoramique à partir du bas, et, à la projection, mon frère dit :

– Ça, ce sont les bottes de Jacques.

La caméra remontait et on découvrait mon visage.

Je m'entendis avec Jean-Louis Roy. Il me demanda :

– Vous avez un tic. Pourquoi tirez-vous toujours sur vos manches ?

Je lui répondis que je ne tenais pas à ce qu'on voie mes poignets, lesquels ne sont absolument pas anormaux. La vérité est que j'ai de petits os que je me sens obligé de protéger.

Il était impressionné par des détails ou par certains de mes gestes. Son film, d'une incontestable originalité, sortit malheureusement en 1968 à Paris et n'attira qu'une poignée de spectateurs enthousiastes.

Un autre film insolite dans ma filmographie, *Y mañana ?* du Belge Émile Degelin, rappelait l'univers d'un Jacques Tati ou d'un Pierre Etaix. Nous logions dans un hôtel près de Barcelone. Le metteur en scène était flamand et parlait un français assez imprécis. Une assistante nous disait :

– Ce n'est pas un Wallon. Méfiez-vous.

Je devais transmettre les ordres du metteur en scène aux comédiens et figurants espagnols.

Degelin et moi nous sommes bien entendus, sauf pour une scène qu'il fallait tourner sur une barque. Nous devions effectuer un demi-tour. Je montai à bord à toute vitesse sans faire attention au réalisateur qui était couché au fond du bateau pour ne pas apparaître à l'image, et je lui piétinai les génitoires, ce dont il me tint rigueur.

Pour les besoins d'une scène, je devais tenir un plateau sur lequel étaient posés un seau à glace, une bouteille de champagne et des coupes. Je montais un escalier vertical, me retrouvais sur le plateau et plongeais dans l'eau. Je ne sais pas plonger du tout. Parvenu en haut, j'ai dit :

– On ne tourne pas tout de suite.

Degelin m'a demandé si je croyais pouvoir y arriver. Je lui ai répondu :

– Oui, bien sûr. Quand j'entends « Moteur ! », je fais ce que j'ai à faire.

On a crié « Moteur ! » Je suis remonté. Ma femme et l'équipe me paraissaient minuscules et la piscine n'était plus qu'une large flaque bleutée. C'était effrayant, mais j'ai plongé comme il fallait. Ça s'est bien passé et on a recommencé plusieurs fois.

Quand un acteur tourne, il peut arriver à faire n'importe quoi, y compris marcher sur des braises. Lorsque le metteur en scène dit « Moteur ! », je m'oublie complètement. Je suis le personnage. Ainsi dans *Une journée bien remplie* de Jean-Louis Trintignant, j'avais à traverser la route pour tuer un des jurés qui avaient condamné mon fils à mort. Les voitures ne cessaient de passer. Je n'avais aucun moyen de stopper le trafic et n'y pensais même pas. Les autos s'arrêtaient pile. Obnubilé par la vengeance de mon personnage, je n'entendais rien. Ça m'était égal. J'arrivai heureusement entier de l'autre côté de la route et enfourchai mon vélo.

Un de mes meilleurs films fut le charmant *Benjamin ou les Mémoires d'un puceau*, de Michel Deville. Je jouais le domestique de Pierre Clémenti. Nous avons tourné dans un château qui appartenait à la famille Hennessy. Catherine Deneuve perdit sa sœur pendant le tournage. On me rappela alors que je m'apprêtais à retourner chez moi, à Ponsampère. Un coup de téléphone me prévint qu'on allait tourner le lendemain, car, à la suite de ce tragique accident, le plan de travail avait été chamboulé.

Je montais un gros cheval de trait avec Pierre Clémenti en croupe. Je respectais Clémenti qui était un bon comédien. Nous avons retravaillé ensemble à plusieurs reprises pour la télévision, notamment avec Jean-Daniel Verhaeghe dans *L'Étrange Château du Docteur Lerne* où j'incarnais un savant fou. Depuis *Benjamin*, Pierre Clémenti avait eu de graves ennuis en Italie. Il s'était un peu retiré. Nous nous sommes retrouvés avec plaisir et avons vidé quelques verres ensemble. Il était attachant, poétique et secret.

La fin des années 60 marqua pour moi un retour à la comédie. En 1969, je retrouvai quelques-uns des joyeux camarades à qui j'avais, soit au théâtre, soit au cinéma, déjà eu le plaisir de donner la réplique. Jacqueline Maillan, Bernard Blier, Robert Hirsch, Guy Bedos et Michel Serrault furent, en effet, les interprètes du premier et unique film réalisé par Pierre Mondy – qui apparaissait également à l'écran –, *Appelez-moi Mathilde*.

Sur *Un merveilleux parfum d'oseille*, filmé au domaine de Vallières qui appartenait à un ami de Bugatti, le duc de Gramont, je me suis très bien entendu avec Jean Carmet, un personnage tendre qui était dans la vie comme dans certains de ses films. Il était devenu copain avec le concierge du château et aimait se désaltérer en buvant un petit verre d'une boisson qu'il appelait, selon une expression de son village de Touraine, une Marie-Chatouillette, un breuvage connu plus prosaïquement sous le nom de cognac.

Françoise Rosay, qui jouait le rôle principal, était arrivée dans la salle à manger et avait été choquée de me trouver assis en train de manger un œuf. Elle demanda :

– Comment se fait-il que Jacques Dufilho soit ici ? Elle avait probablement du mal à admettre qu'un acteur jouant un rôle secondaire pût être reçu au château. Le concierge répondit à la grande dame du théâtre et du cinéma français :

– Monsieur Dufilho est l'invité de Monsieur.

Venu quelques semaines avant le tournage avec Bugatti, j'étais l'invité de la famille.

En 1972, je retournai en Espagne pour *Corazón solitario*. Christian Ferry m'avait présenté à Paco Betriú qui recherchait un acteur français pour son film.

Corazón solitario est l'histoire d'un musicien, puceau attardé de quarante ans, qui gagne sa vie en jouant dans l'orchestre pseudo-cubain – « Los Habaneros » ! – d'un night-club minable pompeusement baptisé El Molino Rojo. Peu après la mort de sa mère – une sainte femme souffrant de strabisme à un œil, ce qui ne l'empêche pas de donner à son fils une irréprochable formation morale –, il rencontre, grâce aux petites annonces, une femme dont il tombe éperdument amoureux. Cette femme est enceinte des œuvres d'un bellâtre et le musicien va se dévouer pour épouser la belle et assumer la paternité du bambin.

Ce qui m'avait plu dans le scénario, c'était la caricature de ce bonhomme naïf et généreux qui n'avait aucune connaissance des femmes. Ayant vécu longtemps avec sa mère et souhaitant rester vierge jusqu'à l'autel, il était brusquement possédé par l'amour d'une femme pulpeuse et désirable puisqu'elle avait les formes et les traits de la Polaca, une fameuse chanteuse et danseuse de flamenco qui, bien que passionnée de football – elle en parlait tout le temps et « supportait » l'un des clubs madrilènes –, n'en était pas moins intelligente et fine.

Le film se tourna à Madrid. Je fus logé dans un hôtel situé près d'une place où se dresse la statue de Don Quichotte et de Sancho Pança.

Betriú était venu à Ponsampère. Nous étions allés dîner à Auch dans un restaurant où on mangeait du confit de canard à tous les repas. Devant un menu caractéristique de la gastronomie gasconne, Betriú m'avait expliqué son intention de parodier les mélodrames musicaux espagnols qui avaient suscité un large engouement du public ibérique dans les années 40-50.

À la sortie du film, très peu de spectateurs et une minorité de critiques comprirent l'humour décapant de Betriú. *Corazón solitario*, comme *Une journée bien remplie*, était un film en avance sur son temps. Ils sont reconnus aujourd'hui à leur juste valeur.

Malgré le contexte satirique de l'œuvre, j'avais cherché à donner une certaine vérité à ce personnage pathétique qui, victime de sa trop grande bonté, était obligé de vendre à un brocanteur le portrait de sa mère chérie et la jambe artificielle de son père.

Sur le tournage, au milieu de tous ces gens qui parlaient espagnol, se trouvait un assistant, José María Guttierez, qui comprenait bien le français et servait d'interprète. Il m'aida à assimiler certains passages du texte qui étaient difficiles. Il m'indiquait l'accent de chaque scène et comment dire le dialogue d'une manière compréhensible en respectant le débit espagnol. J'ai tourné dans cette langue avec beaucoup de plaisir. Je me suis doublé moi-même.

Dans *Une journée bien remplie*, de Jean-Louis Trintignant, j'interprétais un boulanger devenu tueur en série par vengeance. Le film est supérieur à tout ce qu'on pouvait voir à l'époque en matière de comédie. Trintignant fut d'une grande gentillesse avec moi. Son comportement à mon égard était presque paternel – ou maternel – et très protecteur.

Je sentais qu'il avait du respect et de l'estime pour son acteur principal et cela me stimulait. C'est un grand metteur en scène incompris. Il m'avait demandé de tourner dans un autre film qui ne s'est pas fait. J'ai regretté de n'avoir pas pu prolonger notre collaboration. Et comment ne pas aimer un cinéaste qui a déclaré à mon propos : « Ce n'est pas évident au premier coup d'œil, mais il est plus beau que Gary Cooper et il se déplace encore mieux que lui » ?

En 1973, je tournai *Les Corps célestes* au Canada. Le film était peuplé de personnages féminins dont une actrice que j'avais vue au cinéma dans *La Vraie Nature de Bernadette*, Micheline Lanctôt.

Je jouais un curé qui prononçait, la nuit de Noël, un sermon en chaire plutôt tendancieux. Je m'adressais à mes paroissiens :

– Embrassez-vous ! Faïtes l'amour !

Cela se déroulait dans une église et le sermon devait scandaliser l'auditoire. J'hésitai à prononcer certaines paroles, mais à la fin du discours, je fus applaudi.

J'avais accepté de jouer ce rôle de prêtre qui me permettait de découvrir un autre monde : l'Abitibi, ce pays aux lacs glacés du nord du Canada. Après être restés quelques jours à Montréal, nous nous sommes envolés pour un village situé au milieu de ces étendues gelées.

J'étais déjà venu au Canada en 1954 pour la création d'un théâtre de langue française. J'étais entouré d'anglophones. Nous avions joué une pièce de Salacrou, *La Marguerite*, un court sujet d'Anouilh, et *Un imbécile*, œuvre brève de Pirandello. Le tout était mis en scène par Patrick Antoine.

On me demanda de faire un de mes numéros dans un cabaret. Ce fut une catastrophe. Quand je passais à Mademoiselle Berthe, les Québécois ne riaient pas du tout. C'était glaçant et le directeur du théâtre me dit qu'il était inutile de continuer.

À partir de 1973, je commençai à prendre le chemin de l'Italie où j'apparus dans une quinzaine de films. Je donnai notamment un visage au colonel Buttiglione, un personnage qui existait déjà à la radio. J'ignore comment et pourquoi le producteur et le metteur en scène m'avaient choisi. Sans doute m'avaient-ils vu dans *Les Bidasses en folie*.

J'ai tourné quatre Buttiglione. Je me glissai aisément dans la carcasse de cette vieille ganache extrêmement populaire au-delà des Alpes. Ce furent des tournages faciles. Rambaldo Buttiglione était un personnage plutôt sympathique, jovial, rude et paysan, un colonel qui avait des moyens de commandement limités. Il aimait faire des plaisanteries et était d'une rare inefficacité. Officier de la vieille école, il ne jurait que par la discipline et était lui-même désordonné. Il n'aimait guère les jeunes gens chevelus. Quand, à la fin du premier film, il meurt à la suite d'une de ses bourdes, il se retrouve au paradis et rencontre Jésus-Christ… à qui il donne l'ordre d'aller chez le coiffeur. Ce n'était pas du très bon humour, mais c'était tout de même attrayant pour le public et agréable à tourner.

Tout était merveilleux en Italie. Avec les réalisateurs que j'ai pratiqués, ça se passait d'une manière facile, presque improvisée. Mino Guerrini, par exemple, était un peu fou. Il ne vous regardait pas dans les yeux et ne s'exprimait que par gestes. La direction d'acteurs devait être pour lui un mystère insondable qu'il n'entendait pas percer. Il se contentait d'écouter le texte et de dire : « Ça va. » Quand on tournait, on ne comprenait pas toujours ce qu'il voulait, ce qui ne m'empêcha pas de m'habituer à sa méthode de travail.

Le bruit et la dispersion la plus totale régnaient sur les plateaux. Les techniciens parlaient très fort et tous ensemble. Je tournais en français et travaillais avec des acteurs de nationalités différentes. Cela importait peu aux Italiens puisque tout serait doublé. Le son ne comptait pas, mais la lumière était importante. Malgré le chaos et la cacophonie, l'habitude faisait que les gens s'entendaient et se comprenaient. C'était pour eux normal de parler fort. Les comédiens finissent par s'accoutumer à ce joyeux bordel et se font à l'idée de donner la réplique à un acteur qui ne leur répondra pas dans la même langue. Dès l'instant où l'on connaît le début de la phrase, on sait où on en est et tout se termine bien.

Aldo Maccione fut mon partenaire sur plusieurs films de Guerrini et il en faisait des tonnes. Il avait une manière de jouer et une démarche qu'il semblait avoir adoptées une fois pour toutes. Il a joué toute sa vie un macho qui était sans arrêt en représentation. Je dois reconnaître qu'en Buttiglione, je n'étais pas d'une sobriété irréprochable. C'était presque un amusement. Je me défoulais.

Les Buttiglione eurent un grand succès en Italie où je me suis retrouvé sur une scène à recevoir des récompenses.

Un camarade qui s'appelait Nicolas Barthe me servait de guide dans mes relations avec les Italiens. Il parlait couramment la langue. Il était en fait plus italien que français. Je déjeunais avec lui et il m'accompagnait partout. Une de ses amies venait me chercher à la gare. Elle avait une petite voiture et moi, j'avais de grosses valises.

Dans ma mémoire, tous ces films se mélangent un peu. La voiture venait me chercher à l'hôtel de la ville, un cappuccino m'attendait sur le parcours. On s'arrêtait à n'importe quel café.

Mes ravissantes partenaires féminines avaient pour noms Laura Gemser, Gloria Guida, Dagmar Lassander – cette dernière se faisait tirer les cheveux en arrière, jusqu'à en saigner, afin d'effacer les rides qu'elle avait au front. Les amateurs de la série B italienne apprécieront. Les autres ne savent pas ce qu'ils perdent.

Entre deux films italiens, je tournai, en 1974, dans le premier film de Robin Davis, *Ce cher Victor*. Mon partenaire et antagoniste était Bernard Blier. Nous devînmes rapidement complices. Nous n'arrêtions pas de plaisanter, mais au moment de tourner, il redevenait sérieux. Au cinéma, on est davantage tenté de plaisanter qu'au théâtre. Cela dépend évidemment des partenaires. Certains sont encourageants, d'autres beaucoup moins.

Je ne connaissais pas Blier. Je l'avais vu jouer *L'École des femmes* à la télévision. Il était un élève de Jouvet et moi un disciple de Dullin. C'était un lien de parenté et nous avions des façons de voir les choses assez proches. Sur un tournage, entre deux prises, on arrive à connaître les goûts et les dégoûts de chacun.

Les jeunes réalisateurs qui ont débuté avec moi étaient détendus et avaient une certaine assurance. Ils savaient ce qu'ils faisaient. Je ne me présentais jamais comme l'acteur aux cent films. On a toujours quelque chose à apprendre au cinéma. Et tout dépend tellement du montage. Quelquefois il vous arrive même de vous retrouver dans un film qui reçoit un Oscar, ce qui fut le cas pour *La Victoire en chantant* – encore un premier film ! –, rebaptisé *Noirs et Blancs en couleurs*. Aux États-Unis, on croyait d'ailleurs que Jean-Jacques Annaud était noir, et quand ils l'ont vu arriver, ils ont été très étonnés. En fait, Annaud connaissait bien l'Afrique pour y avoir longtemps vécu.

Il y eut du gâchis sur ce film. Annaud faisait beaucoup de prises et, quel que soit l'endroit où se trouvait la caméra, tous les comédiens se plaçaient de face au premier plan, rendant ainsi certains raccords impossibles. Beaucoup de choses furent jetées. Ce n'était pas montable.

Concernant le nombre de prises, je n'ai aucune préférence. Certains metteurs en scène sont contents dès la première, surtout lorsque la production est plutôt pour. Sur *Un mauvais fils*, je me demandais pourquoi Claude Sautet n'était pas satisfait de la première prise. On tournait au minimum dix fois. Je ne comprenais et ne comprends toujours pas, mais je ne protestais pas. On ne discutait pas avec Sautet.

Dans *La Victoire en chantant*, j'avais un rôle important. Le film fut l'occasion pour moi de me familiariser avec l'Afrique. Les acteurs africains – professionnels ou non – étaient extrêmement sympathiques. Je garde un excellent souvenir de l'un d'eux, Mamadou, qui était aimable et doué. Il ne savait pas conduire et avait appris seul au cours du tournage. Son apprentissage s'était fait au prix de quelques accidents sans gravité.

Lorsqu'on arrive de France en avion et qu'on prend un autre appareil à Bouaké, on constate certaines différences. Ainsi, bien qu'ayant oublié un bouchon d'essence à l'aéroport, les Ivoiriens pouvaient voler sans problèmes.

Nous tournions dans une auberge qui était un lieu de rencontres pour les Français du coin. Nous jouissions d'un certain confort. On avait une chambre avec une douche, un ventilateur et un vrai service, c'est-à-dire un coup de balai tous les jours.

En dehors de la chaleur, les conditions de travail étaient normales. Annaud et moi avions des rapports de confiance. J'estime qu'à partir du moment où on vous dit « Moteur ! », vous êtes obligé de vous fier au metteur en scène. Il n'y a pas de différence à faire entre un cinéaste chevronné et un débutant. Il m'est d'ailleurs arrivé de me retrouver face à des metteurs en scène soi-disant aguerris qui étaient absolument nuls.

Le devoir du comédien est d'oublier tout cela et de faire son métier le mieux possible.

Pierre Schoendoerffer fit appel à moi en 1977 pour tenir l'un des rôles principaux de son film *Le Crabe-Tambour*.

Le personnage du chef mécanicien bigouden du *Crabe-Tambour* était vraiment passionnant à jouer. Tout était réuni pour maintenir mon intérêt en éveil, à commencer par le bateau, les comédiens, le metteur en scène et Raoul Coutard, le directeur de la photo. Coutard avait un œil prodigieux. Il était à la caméra et voyait tout. S'il vous donnait des conseils, ils étaient toujours judicieux. J'avais une confiance absolue en lui et admirais son travail dont j'avais pu voir le résultat dans *La Poupée*.

Le bruit de la mer ou des machines du bateau était permanent. Nous tournions dans l'intimité, à l'abri derrière des paravents. Aucune femme n'était admise à bord.

J'étais logé royalement. Certains comédiens étaient moins bien lotis que moi. Beaucoup étaient installés comme des figurants au milieu des matelots. Schoendoerffer était dans une bannette, un hamac inconfortable.

La plupart souffraient du mal de mer, ce qui n'était pas mon cas. Par conséquent, j'étais libre de boire du whisky et du vin rouge. J'en fis une véritable cure. Sur un tournage normal, les gens boivent raisonnablement. Étant le seul à boire du vin, j'en prenais environ un litre et demi à chaque repas, ce qui était évidemment anormal.

Après avoir dîné, je descendais me coucher – j'avais

droit à une carrée qui était près de la salle des machines où régnait un bruit infernal. Je longeais le couloir plein de sous-officiers mariniers qui m'invitaient à boire un verre pour fêter un anniversaire ou célébrer tel ou tel événement. Ils me versaient des rasades de whisky en m'assurant :

– Ça ne nous coûte rien. T'en fais pas.

J'arrivais jusqu'à ma chambre dans un état lamentable. Je n'étais pas inconscient, mais je marchais difficilement en m'accrochant à tout ce qui me tombait sous la main avant de m'écrouler sur mon lit.

J'avais la chance de loger dans la cabine d'un officier et d'y être seul. Jean Rochefort avait une cabine glacée et inconfortable. Quant à Claude Rich, il partageait celle d'un officier. Je bénéficiais d'un statut privilégié. J'avais tout de même quatre galons.

L'ennui, c'était que toutes les deux ou trois heures, on venait chez moi vérifier le niveau de mazout. Au début, cela me gênait, mais très vite je n'y fis plus attention. Soit je dormais profondément, soit cela se passait alors que j'étais plongé dans un demi-sommeil. Mais je gardais ma lucidité pendant le tournage des scènes importantes. J'étais en affinité avec mon personnage. Schoendoerffer a eu confiance en moi et m'a laissé faire ce que je voulais.

Le tournage sur le bateau a duré environ un mois, ce qui est long. Boire était une manière de combattre la lassitude et l'ennui. Jean Rochefort cuvait son mal de mer dans sa cabine, ce qui fait que je le voyais peu en dehors des scènes que nous tournions ensemble. Les rapports avec Claude Rich étaient faciles. Nous allions à la messe ensemble à Saint-Pierre-et-Miquelon.

Schoendoerffer était à la fois écrasé par ses responsabilités et le mal de mer.

Être isolé au milieu de l'eau était merveilleux pour moi qui déteste la foule. Les marins étaient charmants. Traverser l'océan au milieu de la tempête est une expérience fabuleuse. Le dimanche, nous disions la messe en latin et ça paraissait normal. Nous avions parfois la visite de pêcheurs de morues. Nous leur devions assistance. Nous étions les infirmiers de ces gens qui n'avaient pas de confort. Ce film fut une véritable aventure qui me rapporta un César du meilleur second rôle.

Pour *Nosferatu*, où je jouais le capitaine d'un bateau transportant le comte Dracula, nous tournions aussi en pleine mer, en Hollande. Je me souviens de l'arrivée sur le bateau. J'avais emporté avec moi un tas de choses qui ne m'ont pas servi et ma valise pesait très lourd. Werner Herzog porta lui-même mes bagages et les posa dans ma cale où ils restèrent jusqu'au soir. Nous nous rendîmes ensuite à l'hôtel. Le lendemain matin, Herzog se transforma de nouveau en porteur de valises. Je rencontrai sur le tournage un photographe français qui m'expliqua qui était Herzog. N'ayant jamais vu aucun de ses films, j'étais absolument vierge.

Sur le tournage, je rencontrai Klaus Kinski. Il était obsédé par son maquillage compliqué, par ses fausses oreilles et ne parlait que de ça. Il était furieux contre le maquilleur et était impressionnant. Il se mettait vraiment en colère.

En 1980, je revêtis un habit de paysan breton dans *Le Cheval d'orgueil* de Claude Chabrol. J'avais rencontré Pierre Jakez-Héliaz qui trouvait que je ressemblais à son grand-père avec mon gilet brodé.

Les rapports avec Chabrol étaient tranquilles. On pouvait s'arrêter et boire un coup de rouge ou une rasade de cidre. Il faisait ses mots croisés tout en mettant en scène :

– La définition en six lettres... Voyons voir... Moteur !

Il a peut-être su que je l'imitais quand il faisait sa mise en scène, et ensuite il ne m'a plus jamais demandé. Il ne semblait pas concerné par le film, mais mentalement il devait être présent. Les mots croisés étaient un moyen de se détendre.

Allant peu au cinéma et au théâtre par manque de temps, je connaissais mal certains comédiens. Ainsi je n'avais jamais vu Patrick Dewaere avant de jouer avec lui dans *Un mauvais fils*, le film de Sautet. J'étais un libraire homosexuel et sensible. Dewaere restait secret, mais notre collaboration s'est bien passée. Jouer avec un comédien aussi naturel est tellement facile qu'on n'a plus l'impression de s'exprimer dans un personnage. On vit la situation.

En 1982, je suis allé en Algérie pour *Le Moulin de Monsieur Fabre*, d'Achmed Rachedi. Il a été montré dans des festivals, mais il n'est jamais sorti en France. Le metteur en scène m'avait vu dans je ne sais quel film. Il avait réalisé en 1969 *L'Opium et le Bâton*, avec Jean-Louis Trintignant et Marie-José Nat.

J'étais bien logé. Nous sommes partis d'Alger pour aller près de la mer et de la frontière tunisienne. J'avais une villa à ma disposition, deux domestiques, un homme et une femme, qui, un jour, se sont disputés violemment et se sont battus en se griffant. Ils n'étaient pas mariés et il ne s'agissait pas d'une scène de ménage.

Je vivais là comme un roi. Quelquefois le metteur en scène venait me voir avec son assistante ou sa scripte.

À un moment, je devais pleurer. Pour produire les fausses larmes, on m'avait mis un produit dans les yeux qui m'avait tellement irrité que je les gardais fermés pendant la scène.

J'étais l'un des deux seuls acteurs français du film avec une comédienne plus ou moins professionnelle qui venait de l'Ariège. Tous les autres étaient algériens. Je jouais Monsieur Fabre. Il possédait un moulin qui fonctionnait avec un moteur diesel.

Puis vint *Pétain*, de Jean Marbœuf, un film que je n'aurais jamais dû accepter. On m'assimila immédiatement au rôle. Bernard Pivot, qui me considérait comme un thuriféraire du Maréchal, n'eut de cesse de me faire avouer ma préférence pour le chef du gouvernement de Vichy.

Je fus perçu comme son porte-parole. Je m'étais pourtant contenté d'expliquer que j'avais fait la guerre et que j'y avais vu des exemples de bravoure étonnants chez des militaires qui s'étaient battus avec beaucoup de courage. Je citai le cas du capitaine de Carrère, que j'avais connu au 2e hussard. Alors que les obus pleuvaient de partout et que les cavaliers de son escadron le dépassaient, il allait tranquillement au pas, sans jamais prendre le galop. Il aurait pu fuir comme les autres, mais il voulait donner l'exemple.

La confusion avec Pétain était peut-être encouragée par mes convictions monarchistes et mon goût pour la messe en latin. Il est possible aussi que j'aie dit un jour que j'étais content que l'armistice ait été signé. J'avais assisté à la débâcle et compris que la guerre était perdue. Je n'avais pas honte de ce que nous avions fait. Dans mon groupe de reconnaissance, nous étions plutôt victorieux. J'avais un sentiment de défaite, mais absolument pas de déshonneur. Si, par la suite, je ne suis pas entré dans la Résistance, c'est que j'estimais avoir déjà payé mon tribut à la guerre.

Pour composer des personnages historiques, je procédais de la même façon que pour n'importe quel autre personnage. Je me fiais au scénario et aux indications du metteur en scène. De Pétain, je connaissais le personnage pour l'avoir vu dans des archives filmées. L'incarner à l'écran réclamait un gros travail de composition. J'ai essayé de retrouver son timbre de voix fatigué. La ressemblance physique était due au maquilleur qui m'avait rasé le crâne. J'avais des lentilles de contact bleues, désagréables à mettre.

J'ai hésité avant d'accepter ce rôle. Pétain était un homme imposant, majestueux, plus grand que moi et il était connu du monde entier. Peut-être ai-je fait un mauvais choix en acceptant de l'interpréter, mais le producteur tenait à moi.

Le film ne m'a pas rendu service. Or, il ne faisait absolument pas l'apologie de Pétain. Marbœuf est plutôt un cinéaste de gauche. On m'a accusé de n'avoir pas rendu le Maréchal assez antipathique, alors que je n'avais fait que me conformer aux indications de mon metteur en scène.

J'ai épousé sans discuter sa vision et me suis contenté de suivre le scénario en essayant de donner de Pétain l'image la plus fidèle et la moins caricaturale possible. De toute façon, c'était moi qui jouais le personnage et le rendais physiquement possible.

J'ai été gêné par certaines scènes. À la fin du film, Laval prend beaucoup d'importance, et à un certain moment, Jean Yanne/Laval engueule Pétain. Je trouvais la scène assez embarrassante, car je croyais que Laval avait plus de respect pour ce vieillard. Au cinéma, on n'a pas toujours le temps ni surtout le droit de discuter. Vous essayez de vous rappeler votre texte, et c'est formidable de pouvoir le dire jusqu'au bout.

Je pense que Pétain était un guerrier et qu'il n'a pas capitulé par lâcheté. Il fallait demander l'armistice à ce moment-là. C'était vraiment une débâcle épouvantable. Beaucoup de gens désertaient et traversaient la France pour aller se réfugier dans leur famille. J'ai été témoin de tout cela.

C'est quoi la vie ?, de François Dupeyron, est l'avant-dernier film important auquel j'ai participé. Cette belle œuvre m'a valu un prix d'interprétation à San Sebastian. Tourner avec Dupeyron était agréable. Il mettait ses comédiens à l'aise en leur disant :

– Je ne vous donne aucune indication. Vous avez lu le scénario. Je vous ai choisi. Vous avez accepté le rôle. Maintenant montrez-moi ce que vous pouvez en faire.

Dupeyron est un metteur en scène sincère et honnête. Il m'avait peut-être choisi en fonction de mon passé d'agriculteur.

Mon dernier tournage a été *Là-haut*, réalisé en 2001 par Schoendoerffer. L'œuvre est encore inédite en salle. C'est l'histoire d'un ancien de la guerre d'Indochine qui a décidé de faire un film sur ce sujet. Il part en repérages au Laos et on perd sa trace. Une jeune journaliste, interprétée par Florence Darel, enquête sur cette disparition mystérieuse. Je joue le personnage du vieux recteur du village d'où est originaire le cinéaste. C'est un rôle très court. Je suis interviewé par la journaliste. J'ai dû tourner cinq jours.

Si ce sujet n'est pas très éloigné de celui du *Crabe-Tambour*, les conditions de tournage furent très différentes pour moi et plus confortables. La seule gêne vint de mon manque de mémoire. Un assistant dut écrire mon texte sur un tableau comme on le faisait pour Jules Berry.

En soixante ans de carrière, j'ai fréquenté souvent le ciné, parfois le cinéma et en de très rares occasions le cinématographe chanté par Apollinaire. Le goût n'a rien à voir dans l'affaire.

12

Le sceptre et la croix

Je suis attaché à des valeurs presque anormales à l'heure actuelle : le respect de la religion et du roi.

Je me suis toujours senti en décalage avec mes contemporains et peu en phase avec mon époque qui me paraît compter de plus en plus d'amnésiques et de moins en moins de visionnaires.

Bien qu'amoureux des Bugatti, je suis de ces imbéciles qui regrettent les voitures à chevaux et qui déplorent que le mode de vie des humains ait tant changé depuis la mécanisation et l'apparition de l'automobile. Loin de libérer l'homme, la technologie me paraît pervertir sa vision du monde et l'éloigner de son essence profonde. Le sacro-saint progrès coupe l'humanité de ses racines spirituelles.

« Ma première enfance, cependant, fut toute chrétienne [...] à l'église de la campagne où nous vivions, ma jeune âme se formait doucement, aimante et recueillie, pénétrée de religion. Je la respirais comme la vie même autour de moi. » Je fais miennes ces paroles de Gabriel Frizeau.

Les premières manifestations de ma foi religieuse remontent à ma petite enfance. La religion était établie dans la tradition familiale. Nous allions à la messe tous les dimanches et faisions les prières du matin et du soir.

Ma mère était pieuse. Sa foi était très ancrée. Lorsque ma famille vivait à Bègles, nous allions à pied à Sainte-Geneviève pour assister aux vêpres. C'était un long parcours pour des enfants et je m'endormais dans cette chapelle qui n'était que provisoire, puisque le curé, le père Barrage, avait fait construire une église de style byzantin à laquelle le peintre Brunet avait beaucoup apporté.

J'y suis retourné récemment. Elle n'a pas changé. À l'entrée, il y a deux vitraux. L'un avait été offert par ma grand-mère, l'autre par les jeunes Dufilho. Aujourd'hui on peut lire : « Don de la famille Dufilho aînée » et « Don de la famille Dufilho jeune ». Ces dons avaient été faits pour l'inauguration de l'église.

L'église était le lieu de rendez-vous des diverses branches de notre famille dont tous les membres étaient catholiques, apostoliques romains et pratiquants. Nous allions à la prière du soir à laquelle j'aimais beaucoup assister. Les chauves-souris frôlaient les bougies de leurs ailes en couinant.

Les prières étaient longues – égrener cinq dizaines de chapelet prend du temps –, mais elles me fascinaient. Les litanies de la Sainte Vierge m'envoûtaient.

Il m'arrive encore fréquemment aujourd'hui de faire

des prières d'une dizaine de chapelet. Je prie quotidiennement, plutôt le soir.

Vous pouvez avoir envie d'exprimer quelque chose de plus spontané qu'une prière formulée d'avance, de créer le climat qui vous permet d'aller au-delà de vous-même, de retrouver une vérité authentique, d'avoir une sorte de conversation avec Dieu. On s'adresse à Lui comme à un père pour lequel on n'aurait aucun secret.

Quand on a la foi, on croit à l'effet de la prière. C'est un état particulier qui ne laisse aucune place au doute. Il m'est arrivé plusieurs fois de me trouver dans des situations difficiles. Lorsque mon frère a été emprisonné à Fresnes, j'ai beaucoup prié pour lui. J'allais à la messe tous les matins. J'ai estimé alors qu'il était absolument anormal de ne pas croire en ce qu'on demande. La libération d'André fut une forme de confirmation de ce que je pensais, d'autant que ce n'était pas ma première expérience dans ce domaine.

Le père de mon cousin et parrain Robert Dufilho était procureur de la République à Haiphong. Vers 1924, Robert, qui était alors à l'École navale de Bordeaux, tomba gravement malade. C'était une maladie délicate qu'on soignerait aujourd'hui avec des antibiotiques. Il fallait attendre huit jours pour avoir la certitude qu'il était sorti d'affaire. Il fut soigné à l'hôpital militaire Saint-Nicolas de Bordeaux.

Mon père affolé envoya un télégramme pour informer le procureur de l'état de santé préoccupant de son fils. À la lecture du télégramme, mon oncle télégraphia à mon père : « Câblez vérité. Paul. »

Rongé par l'inquiétude, mon père priait :

– Mon Dieu, faites un miracle !

J'avais dix ans et j'étais très croyant. Je disais des chapelets. Quelques jours après, mon père put finalement envoyer un deuxième télégramme : « Convalescence prochaine. » J'eus le sentiment d'avoir modestement participé au miracle de la guérison de mon parrain.

Mon frère et moi allions à moto à la messe des Capucins, à Bègles. Elle avait lieu à cinq heures et demie du matin. Nous partions sur un seul véhicule, celui d'André. La rue Brun était étroite. Elle est près du boulevard à Bordeaux, en direction de la route de Toulouse qui traverse Bègles.

Ma mère était mécontente car elle craignait qu'on réveille tout le quartier et en particulier mon père qui s'était couché tard. Pour ne pas ameuter les voisins, nous démarrions notre moto sur le cours de la Somme, c'est-à-dire au bout de notre rue qui n'était pas très longue.

Quand on m'a retiré du lycée après ma deuxième sixième, j'avais, presque par dépit, dit à mon père :

– Je pourrais peut-être devenir prêtre.

Après mon stage à la Compagnie du Midi, à l'occasion duquel j'appris à conduire des trains, je fis une courte retraite d'une semaine chez les trappistes où j'avais été recommandé.

J'avais été amené à faire ce séjour à la suite d'une conversation avec un prêtre qui avait tenté l'expérience et m'avait dit :

– Vous pouvez être tranquille. Chez les trappistes, vous serez dans le silence et le recueillement absolus.

Je connaissais déjà les capucins de Bègles. L'un d'eux, le frère Pierre, m'avait enseigné la cordonnerie.

Le séjour chez les trappistes était presque gratuit. Les moines prenaient leur modeste repas de leur côté. Les hôtes se restauraient dans une hôtellerie. Le silence était la règle. Nous mangions de bonnes soupes et quantité de mets délicieux tout en buvant du vin. Il fallait se coucher tôt et adopter le rythme normal des cérémonies. Cela ressemblait aux séjours chez les trappistes évoqués par Huysmans dans *En route*.

Un père abbé me demanda si j'avais la vocation. Je lui répondis :

– Pas du tout. Je suis attiré par la vie active et le contact avec le public.

Cette expérience m'a beaucoup marqué. L'existence sévère des trappistes qui ne parlent pas, se lèvent la nuit pour prier, se relèvent juste avant le petit jour pour faire leurs ablutions et pour prier encore – il y a quatre prières quotidiennes –, cette vie contemplative mais très remplie m'avait plu et ce n'est pas un hasard si mon mobilier est de style monastique.

Bien plus tard, j'ai assisté aux messes de Saint-Nicolas-du-Chardonnet. Je reçois la revue *Una voce* qui est l'émanation de l'Église catholique intégriste. Je dois préciser que je fais une différence totale entre la politique et la religion. La politique, je le répète, me laisse assez indifférent.

Je ne partage pas les idées de l'extrême droite. Je

suis opposé à la peine de mort et pardonne à ceux qui reconnaissent leurs fautes. D'un point de vue religieux, je suis de l'avis des confesseurs à qui l'on dit : « Mon père, je m'accuse d'avoir tué un homme », et qui répondent : « Combien de fois, mon fils ? »

J'entends par là qu'il existe une forme d'indulgence que ne peut pas avoir un tribunal. C'est Dieu qui vous parle par la voix d'un confesseur. Il a l'indulgence d'un père de famille. « L'acte est grave, mais le plus important est de réclamer le pardon. » Je pense que Dieu accorde son pardon. Les lois humaines sont là pour faire expier leurs fautes aux pécheurs.

J'ai pardonné aux gardiens de Fresnes quand mon frère y était emprisonné. Lorsque le pécheur reconnaît sa faute, je ne vais pas le condamner une fois de plus. Je crois en la Rédemption.

En revanche, certains aspects de la doctrine chrétienne me laissent perplexes. Je ne crois pas en la résurrection de la chair. J'ai du mal à accepter l'idée que nous retrouverons au Ciel les gens rencontrés durant notre séjour terrestre.

J'ai servi des messes en latin comme enfant de chœur pendant les vacances, et j'ai connu des prêtres qui disaient des messes avec une telle conviction, une telle sincérité, une telle vérité qu'on ne pouvait qu'en être ému. Les messes en français ont modifié la liturgie. Les paroles des cantiques ont sombré dans une bêtise totale. Tout cela est devenu déprimant de vulgarité.

Je me rappelle avoir servi la messe à Lourdes à des prêtres espagnols. Quand le prêtre parlait de *Cordero de Dios*, « Agneau de Dieu », cela faisait fâcheusement naître en moi des visions de côtes d'agneau.

La seule chose qui me gêne dans la messe en latin est le *Pater Noster* qui nous fait tutoyer Dieu : « *Pater Noster qui in caelis es* » (« Notre Père qui es aux Cieux »), alors qu'en français on le voussoie (« Notre Père qui êtes aux Cieux »). Il y a dans le vouvoiement une forme de politesse, une distance que je préfère à la familiarité du tutoiement.

La messe en latin était une messe basse, une conversation. Elle est extrêmement simple et facile à comprendre. Je ne sais pas ce qui a motivé le passage de la messe en latin à la messe en français – c'est le résultat de discussions extrêmement compliquées entre cardinaux auxquelles je n'ai pas assisté –, mais j'ai soutenu Monseigneur Lefèvre qui était contre ce concile.

J'ai eu des discussions contradictoires avec des prêtres qui disent la messe en français. Ils sont restés sur leurs positions et moi sur les miennes.

Si la religion se réduit à un raisonnement qui peut se discuter, si elle peut s'argumenter comme n'importe quelle doctrine politique, ce n'est plus du tout la même religion. Vialatte en fit l'admirable démonstration dans sa chronique *La religion veut entrer dans un cercle carré* : « Personne n'est obligé de croire au Petit Jésus. Mais enfin, si l'on croit en Lui, aux mystères de la Trinité, de l'Incarnation, de la Rédemption, à la résurrection de la chair, à la réversibilité des mérites, à la valeur surnaturelle des souffrances, et à tout ce qu'énumère le Symbole des Apôtres et qu'expliquait le catéchisme de mon enfance, il se trouve qu'on est catholique.

« Catholique *par définition*. Exactement, comme la circonférence est, par définition, le lieu géométrique des points d'un plan équidistants d'un même point. Qu'un de ces points soit déplacé, il n'y a plus de circonférence. Qu'un seul dogme soit modifié et il n'y a plus de catholicisme. Mais schisme ou hérésie. Et *par définition*. »

Je pense que les gens qui s'éloignent du dogme sont plus attachés à des idées politiques qu'à la religion elle-même. On aura compris que je suis pour que les cercles restent ronds.

À Bordeaux il y avait un Cercle d'études catholique. Mon frère et moi avions appris qu'il existait une école ou une fondation où l'on pouvait apprendre à s'exprimer, prendre des cours de déclamation et perfectionner sa diction. Nous avions demandé à y aller. Il y avait là un prêtre moderne qui allait porter la contradiction à des anticléricaux faisant du prosélytisme dans la région. Nous avions également fait la connaissance d'un garçon étonnant qui conduisait une vieille voiture américaine à échappement libre. Il allait d'une ville à une autre, d'une conférence à une autre, et, de sa voix de stentor hautement persuasive, il portait la contradiction à ses adversaires. L'auditoire se disait parfois que la contradiction était plus forte que le discours qu'il était venu entendre.

André et moi étions souvent du nombre des contradicteurs, mais je n'étais pas brillant et faisais plutôt de la figuration. Nous nous retrouvions parfois dans des endroits redoutables où se réunissaient les gens les plus hostiles à la religion qui se puissent imaginer, tels les trois frères Lapeyre qui s'étaient fait vasectomiser en 1935 par un docteur anarchiste nommé Bartosek. Ils étaient eux-mêmes anarchistes, pacifistes, néo-malthusiens et… coiffeurs de profession. Ils avaient créé un journal anticlérical, *Lucifer*, et avaient des arguments tirés de la Bible : « Tu enfanteras dans la douleur. » Mon frère, étudiant en médecine à l'époque, répliquait : « L'anesthésie n'existait pas. Quelques progrès ont été accomplis depuis qui font que les accouchements se passent bien. »

La lecture de la Bible était importante pour moi, mais je ne lisais pas que ça. Claudel m'a marqué. J'ai aussi lu la revue *Esprit* à laquelle ma sœur était abonnée. Ça me paraissait rébarbatif, difficile.

La religion m'a toujours semblé tellement évidente que je n'ai jamais cru utile d'avoir d'autres lectures théologiques que la Bible et les Évangiles. Je trouvais ma nourriture spirituelle dans les Saintes Écritures. Croyant en Dieu, j'ai adopté les théories se rattachant à la foi catholique. Depuis l'enfance, je suis contre le Mal pour le Bien. Quand j'ai péché, je l'ai toujours fait en éprouvant une contrition.

J'ai ressenti très tôt ce besoin de m'élever au-dessus de la médiocrité de la condition humaine. Si j'ai côtoyé beaucoup de gens qui donnaient le mauvais exemple, j'en ai connu peu qui se soient révélés des modèles sur le plan moral. Ils se cachent parfois par honte d'être différents.

Ma mère avait des convictions monarchistes, mais elle ne faisait partie d'aucun mouvement. Elle était monarchiste de manière sentimentale. Elle ne comprenait pas que les républicains aient pu assassiner le roi et la reine. Mon père était plutôt neutre et pas du tout antirépublicain. J'ai d'ailleurs fait ma scolarité à l'école publique.

Bien que n'ayant jamais fréquenté un cercle monarchiste, par sympathie pour Louis XVI et Marie-Antoinette, je suis légitimiste, c'est-à-dire partisan des descendants de Louis XVI. Mes convictions monarchistes n'ont pas joué dans mon métier. J'ai interprété Marat sans en éprouver la moindre gêne.

J'ai rencontré l'héritier du trône Alphonse II, qui est mort décapité par un câble en Amérique alors qu'il faisait du ski. J'avais beaucoup d'admiration pour lui.

La monarchie est pour moi de l'ordre du divin. Les rois étaient sacrés à Reims ou à Chartres. Un président de la République ne l'est pas.

Il y a eu dans l'histoire de France des rois lamentables ou des souverains que la maladie rendait inaptes à gouverner. Dans ces cas-là, on poussait un soupir en se disant que c'était dommage et on attendait le prochain.

J'ai une grande admiration pour Louis XVI. Il y avait une forme de sainteté chez ce roi. Son testament est d'une belle élévation de pensée et a été écrit avec une totale humilité. Il y exprime un grand sens des responsabilités. S'il faut expier ses fautes, c'est à Dieu qu'on doit s'adresser : « Je laisse mon âme à Dieu mon Créateur, et je Le prie de la recevoir dans sa miséricorde, de ne pas la juger d'après ses mérites, mais par ceux de Notre Seigneur Jésus-Christ qui s'est offert en sacrifice à Dieu son Père, pour nous autres hommes quelques indignes que nous en fussions et moi le premier. »

On m'objectera que les injustices étaient nombreuses sous la monarchie et que le peuple en faisait les frais. Il y eut des jacqueries au Moyen Âge et plusieurs révolutions, mais les injustices ont existé de tout temps et perdurent encore sous tous les régimes et sous tous les climats. Le communisme ne les a pas éradiquées en Russie. Doit-on faire porter la responsabilité de ces événements négatifs par la monarchie ? Je ne le crois pas. Je suis convaincu que les défauts des monarchistes n'ont pas été plus dommageables à la France et aux Français que ceux des sans-culottes ou de la République.

S'il y avait une possibilité de retour à la monarchie, j'y serais favorable. Il s'agirait bien entendu d'une monarchie constitutionnelle, car il me paraît impossible après la République d'établir un autre régime.

Malgré tout, je suis un bon citoyen qui dépose son bulletin dans l'urne les jours d'élection et j'ai accepté la Légion d'honneur. Ce qui n'est pas la moindre de mes contradictions.

13

Bugatti !

Mon goût pour l'automobile remonte à ma plus tendre enfance. Quand la Phoenix de mon père était au garage, grisé par l'odeur du cuir capitonné, je m'endormais sur les sièges. C'était une auto avec un spider. Il y avait une capote et deux courroies à l'avant qui correspondaient à deux prises sur les ailes avant. On décapotait la Phoenix en tendant les courroies. Les enfants montaient à l'arrière. L'aventure commençait.

Mon père connaissait la mécanique, et à cette époque-là, il fallait beaucoup l'aimer car, pour parcourir le trajet de Bordeaux à Mirande, qui durait plusieurs heures, mon père avait crevé cinq fois. On devait réparer la roue, gonfler, mettre une autre roue.

J'ai admiré le personnage de Bugatti parce qu'il était absolument indépendant, original, et un authentique créateur. Il était à la fois particulier et attachant. Étant moi-même attiré par le dessin, j'étais sensible à ses dons artistiques. J'ai eu six Bugatti – mais jamais en même temps –, dont un moteur d'autorail réformé qui faisait partie d'un lot de neuf moteurs avant racheté par des camarades.

Ettore Bugatti était pour moi un homme de la Renaissance. Il était capable d'inventer des choses nouvelles. Son père, Carlo, un architecte de formation, professeur aux Beaux-Arts, fabriquait des meubles, créait des modèles d'orfèvrerie, et inventait des instruments de musique.

Bien que doué en dessin – il étudia à l'Académie des beaux-arts de Milan –, Ettore était loin d'avoir le talent de son frère, Rembrandt, qui devint un sculpteur de renommée mondiale. Face au talent de son cadet, Ettore se dit :

– Je ne peux pas faire de sculpture ni de peinture. J'arrête. Je ferai autre chose.

Étant passionné de mécanique, il entra à dix-sept ans comme apprenti chez un fabricant de cycles. C'est à cette époque qu'il eut l'idée de monter un moteur sur un tricycle. Sa formation terminée, il construisit lui-même une voiture, la Type 1, qu'il présenta en 1901 à l'Exposition internationale de Milan dont elle fut lauréate. Ettore avait vingt ans. Son automobile fut remarquée par un Monsieur de Dietrich, qui était fabricant de voitures à Niederbronn, en Alsace. C'est ainsi qu'Ettore décrocha son premier contrat. Trois prototypes devaient être conçus. Ettore étant encore mineur, son père dut signer les papiers à sa place.

Ce fut un véritable événement, mais Ettore n'en conçut ni orgueil ni vaines illusions. Il trouvait ça absolument normal. Il avait sans cesse de nouvelles idées. Il arriva à construire des voitures qui eurent des succès en compétition. Ces bolides conquirent des amateurs comme Roland Garros, l'aviateur qui avait fait la première traversée de la Méditerranée en avion.

Bugatti avait une conception de l'automobile différente de celles qui prévalent actuellement. Il était têtu et tenait à certaines choses. Il luttait jusqu'au bout, même s'il lui arrivait parfois de se tromper. Il fabriqua, par exemple, des tractions avant en omettant de produire un certain joint qui eût permis de piloter ces modèles comme les Citroën.

Il persista dans ses erreurs, mais son génie balaya tout. Il eut envie de fabriquer une automobile garantie à vie. Dans cette optique, il conçut la Royale, dont six exemplaires seulement furent terminés. En 1929, année de sa construction, elle était la plus spacieuse et la plus chère des voitures disponibles sur le marché.

Au moment de l'accession au pouvoir d'Hitler, le propriétaire d'une Royale – un médecin allemand – partit en Chine où il tomba en panne. L'usine envoya par bateau un mécanicien pour remettre le véhicule en état.

Ettore Bugatti conçut également un type de voitures de course avec des roues à rayons semblables à ceux des bicyclettes. C'était des cordes à piano très élastiques. Il était impossible de sortir de la route tellement l'ensemble était parfait.

J'ai commencé à collectionner les Bugatti après la guerre. André avait appris à piloter un avion à Parme, l'aéroport de Biarritz. Un jour, il se trouva confronté au choix suivant : acheter un avion accidenté ou bien acquérir un châssis de Bugatti. Comme réparer l'avion aurait pris trop de temps, il opta pour le châssis dont j'héritai finalement. Je voulais depuis longtemps posséder une voiture, mais ma sœur m'avait devancé en faisant l'acquisition d'une 5 CV Peugeot qui nous a beaucoup servi. J'avais passé mon permis sur cette auto.

Mon frère fit recarrosser le châssis de la Bugatti par des professionnels. L'opération ne fut pas une totale réussite, mais le résultat était correct. J'avais fait du Meccano avec mon frère. Cela vous apprend les rudiments de la mécanique, et nous avions construit des châssis de voitures. L'un d'eux était conçu sur le modèle de Bugatti. Devant le résultat de nos travaux, j'avais eu un premier choc et avais compris ce qu'était un tel châssis, mais la révélation complète eut lieu lorsque mon frère me donna le modèle qu'il avait fait restaurer. Le premier voyage que je fis dans ce quatre-cylindres type 40 me mena de Saint-Étienne-de-Baïgorry, où mon frère était médecin, à Mirande.

Aux environs de Miélan, l'automobiliste se retrouvait face à une série de côtes que certaines voitures ne pouvaient monter qu'en marche arrière tellement la pente était accusée. Je fus obligé de m'adresser à un mécanicien car mon radiateur était complètement bouché. Il fallait rajouter de l'eau et il n'y avait plus d'huile.

Après avoir fait réviser ma voiture, je partis pour Paris. Au garage Bugatti de Levallois, je fis la connaissance d'Henri Oswald, un Alsacien qui était le chef d'atelier et le grand spécialiste de la marque. Il y avait là deux Royale destinées à l'Amérique. La réparation de ma voiture me coûta une fortune. Je fus obligé de mettre en gage une montre en or qui me venait de mon père. Je pus la récupérer peu de temps après. En ce temps-là, je jouais à l'Atelier et j'étais solvable.

J'eus une petite voiture de course – une Type 37 à compresseur – que j'achetai au prix de la casse (150 000 francs de l'époque), autant dire pour rien. Je la fis restaurer par Oswald. Il me loua un atelier où je logeai ma voiture. Quelquefois, après une répétition, j'allais à Levallois limer un essieu ou polir une pièce qui était à remonter sur ma Bugatti. Alors que j'étais rivé à mon étau, il arrivait que certaines personnes me demandent : « Tu ne pourrais pas arranger mon vélomoteur ? », ce dont j'étais bien sûr incapable.

Cette expérience a beaucoup compté pour moi. Le goût des Bugatti était presque une religion. J'étais abonné à *Bugmatix*, une revue anglaise qui regroupait les amateurs de Bugatti. Pendant des années, ce fut une passion, une réelle obsession. On passe d'un type à un autre, d'une conception de moteur à une autre.

Je me souviens de vacances étonnantes en Bugatti. La voiture était tombée en panne. Le moteur était vide, l'eau bouillait et le bloc était fendu. Avec ma femme, nous attendions le nouveau bloc chez un mécanicien qui était également un amateur de Bugatti. Il en avait eu plusieurs dans son garage, ce qui lui avait valu notre confiance. On ne peut pas confier une Bugatti à n'importe quel garagiste.

Mon épouse et moi allions à la pêche le matin. Nous n'avions pas grand-chose à manger, mais nous avions tout de même de quoi nous payer une bouteille de Pernod que nous faisions rafraîchir dans un seau d'eau glacée. Nous recevions quelques visites. Nous avons ainsi patienté trois semaines dans l'attente du bloc-moteur.

Grâce à Oswald, qui avait une clientèle très sélect et connaissait la plupart des anciens propriétaires de Bugatti, je rencontrai des gens étonnants. Il comptait notamment au nombre de ses anciens clients Raoul Wander, le directeur d'Ovomaltine. Ce bonhomme original fréquentait toujours la maison. On le vit un jour poursuivre une jeune fille avec un coq qu'il venait d'acheter.

Mon amour des Bugatti m'amena à fréquenter la famille du constructeur. Grâce à une comédienne, qui avait joué dans *Cinna*, mis en scène par Dullin, et qui était une amie des Bugatti, je fis la connaissance des deux sœurs, Lidia et L'Ebé (les initiales de Bugatti). Lorsqu'elle me vit arriver en Bugatti, Lidia m'adopta immédiatement. Elle connaissait ma dévotion pour les automobiles créées par son père. Elle m'invita à déjeuner, et, à la suite de cette rencontre, je fus amené, par le biais d'une de ses amies, à faire la connaissance du duc de Gramont.

Mon neveu, qui est chirurgien, a fermé les yeux de Lidia Bugatti, devenue comtesse de Boignes, à l'hôpital du Nord où il travaillait comme interne.

L'Ebé Bugatti, qui était très proche de son père et a connu sa deuxième épouse, écrivit un livre, *L'Épopée Bugatti*. Lorsque l'ouvrage sortit en 1966, elle me demanda de l'accompagner à la télévision pour présenter son œuvre. Ce fut une récompense pour moi. Un exemplaire dédicacé ne quitte jamais ma table de nuit à Bordeaux.

Un fils Bugatti a fait construire en Italie des automobiles révolutionnaires qui avaient deux compresseurs et accomplissaient des performances étonnantes. Il s'agissait de voitures de tourisme qui pouvaient rouler à plus de 300 à l'heure. Elles n'ont malheureusement pas eu le succès commercial escompté. J'ai rencontré ce garçon, car j'avais conçu le projet de transformer des 2 CV en Bugatti. Pour être exact, je souhaitais apporter aux 2 CV des perfectionnements de chromage ou de présentation qui étaient inconnus sur les modèles Citroën.

Au théâtre, on ne m'appelait plus que « Bugatti ». Je me rappelle en particulier l'époque où je jouais aux Bouffes-Parisiens. J'avais une Bugatti que j'avais fait restaurer depuis le châssis jusqu'à la carrosserie.

Quand je suis arrivé à l'usine Bugatti, à Molsheim, j'étais connu. J'avais entretenu une correspondance avec Siegfried qui était à l'époque le responsable des pièces détachées. Grâce à l'enthousiasme que j'avais pour l'apport d'Ettore Bugatti à la mécanique, je fus rapidement considéré comme un membre de la famille. À Bordeaux, j'ai une copie de châssis de Bugatti, avec trois ressorts à l'avant et à l'arrière, que j'ai construite en Meccano. Je connais bien l'essieu de la Bugatti pour l'avoir limé. C'était brut de fonderie, et il fallait le limer pour le présenter. Un travail long et important.

Par l'intermédiaire d'Hermans, un mécanicien alsacien qui habitait à côté d'Asnières, j'ai échangé une de mes Bugatti – une Type 40 – contre une type trois litres qui avait été bien carrossée pour Daniel White, un chef d'orchestre et musicien qui avait notamment travaillé avec Édith Piaf. La Type 40 a été finalement revendue à un propriétaire qui le laissait avenue de la Grande-

Armée, pas très loin de l'Arc de Triomphe. Il était ainsi exposé aux yeux émerveillés des badauds.

Cette Type 40 avait été carrossée par mon frère comme un break de chasse. Ma femme et moi étions allés à la pêche avec cette automobile à l'époque où je jouais *Colombe* à l'Atelier. Marcel Pérès, qui faisait partie de la distribution, était aussi un vrai pêcheur, et il nous avait accompagnés au marais Vernier. J'avais oublié sur le capot des protections de côté. Il y avait beaucoup de vent, et cela faisait pas mal de bruit.

À la même époque, j'eus la possibilité d'acheter par l'intermédiaire d'Oswald une Type 57, le modèle Bugatti qui obtint le plus grand succès commercial. 680 exemplaires furent construits entre 1934 et 1940. La mienne datait de 1937, année où une Bugatti du même type remporta le grand prix des Vingt-Quatre Heures du Mans. Ma voiture faisait du 150. La dernière que j'aie eue, et qui était aussi une Type 57, montait jusqu'à 180. Je me souviens d'un retour du cabaret avec Jean Rochefort qui était également amateur d'automobiles. Il avait une petite MG. Nous montions de la rue des Martyrs à la Trinité en seconde pour arriver en haut de l'avenue Trudaine à 80 à l'heure. Je n'ai jamais été un amateur de vitesse. Ce qui m'intéressait, c'était les possibilités de la voiture.

La conduite d'une Bugatti ne ressemble à aucune autre. Le volant est à droite avec une direction modifiée par rapport à une voiture qui a la conduite à gauche. La direction est extrêmement précise. Vous alignez votre roue avant droite et la voiture suit automatiquement.

La tenue de route de la Bugatti est unique au monde.

On passe exactement où l'on veut, et, si l'on traçait une ligne idéale, on pourrait la suivre avec la plus grande précision. La Bugatti ne tolère aucun écart, aucune faute de direction. On entend battre le cœur de la machine puisqu'on est tout à côté du moteur. C'est une sensation propre à la Bugatti.

Le changement de vitesses est spécial. Il faut savoir embrayer et débrayer au bon moment. Certains conducteurs disent :

– Quand on sait conduire une Bugatti, on sait conduire toutes les voitures.

Je fréquentais des gens qui avaient l'habitude des Bugatti neuves. Wander aurait eu les moyens de s'acheter un véhicule neuf, mais il avait des modèles d'occasion étonnamment restaurés. Une voiture de ce type coûterait aujourd'hui dans les 300 millions de centimes (460 000 euros).

J'ai laissé une Bugatti en dépôt à un garage de Montlhéry qui était situé en dessous de la piste très relevée du célèbre circuit automobile. Un vicaire de Saint-Sulpice l'a achetée et l'a laissée pourrir près du jardin du Luxembourg. On a volé le capot. La Bugatti a été revendue à une Anglaise qui m'écrivait de temps en temps pour me demander où était passé le capot. Je n'en savais rien, bien sûr. L'histoire finit bien toutefois, puisqu'un vrai amateur de Bugatti fit l'acquisition de l'auto mutilée et lui remit un capot.

Pour payer mes impôts, je dus me séparer de toutes mes Bugatti. Un Américain de New York m'en acheta une qui avait été entièrement refaite par Oswald à Levallois. Ma dernière Bugatti – la petite – fut vendue aux enchères à Fontainebleau pour 720 000 francs, ce qui n'était pas trop mal. Je l'avais payée 150 000 francs et avais fait beaucoup de réparations. On m'en avait offert plusieurs millions. Elle était unique. Ce furent finalement les frères Seydoux qui l'achetèrent. Ils possèdent un garage où est abritée une belle collection de Bugatti.

J'ai eu pour les Bugatti une passion dévorante qui écrasait tout. C'était comme d'adhérer à une religion ou découvrir une nouvelle forme d'art. Salacrou possédait des Delage, qui étaient considérées comme des voitures haut de gamme à l'époque, mais elles n'ont jamais pu me captiver autant. En dépit de leurs qualités indéniables, les Delahaye et les Voisin ne m'intéressaient pas davantage.

Aucune voiture n'a détrôné les Bugatti dans mon cœur. Comment ne pas leur demeurer éternellement fidèle lorsqu'on a eu le bonheur et le privilège d'en conduire une ? Pourrait-on concevoir voitures plus belles et plus proches de la perfection ?

Quand on a connu la Bugatti, on a rencontré le génie et l'aristocratie de l'automobile.

14

Mes chevaux d'orgueil

À une certaine époque, je voulus être cow-boy. Le rêve toujours ! Un camarade indochinois me dit :

– Si tu veux faire ce métier, tu devrais être garde forestier en Indochine.

Ce n'était pas vraiment la même chose, mais ça s'en approchait un peu.

Par l'intermédiaire de mon grand-oncle Paul, procureur de la République à Haiphong, nous fîmes la connaissance d'un de ses amis, Monsieur Bordeneuve. Il était garde général des Eaux et Forêts à la retraite. Il avait rencontré mon oncle sur le bateau et ils avaient sympathisé après avoir échangé quelques mots en patois.

Monsieur Bordeneuve nous invitait parfois à Barran, un village à côté de Mirande où il résidait. Nous participions à des repas pantagruéliques qui alimentaient les conversations familiales pendant des jours. Mon frère et ma sœur contaient avec force détails les ripailles terribles que nous faisions dans ce temple de la bonne chère. Notre hôte était généreux et, comme nous n'étions pas forcément affamés, engloutir les plats exigeait parfois un effort considérable de notre part.

Monsieur Bordeneuve souhaitait que je m'engage dans les gardes forestiers. Bien que tenté, je ne donnai pas suite à sa proposition. Sans doute la bonne terre gasconne collait-elle trop à mes semelles.

Je renonçai aux chevauchées fantastiques sous le soleil couchant de l'Ouest américain et, aux repas frugaux composés de haricots et de bacon, je préférai le magret de canard. Pourtant, si je n'allai pas aux cow-boys, les cow-boys vinrent à moi.

Je vivais alors chez mon frère à Saint-Étienne-de-Baïgorry. Dans ce village du Pays basque et dans ses environs vivaient de vieux vachers à la retraite qui s'étaient expatriés très jeunes en Amérique où ils avaient gardé et convoyé des troupeaux de bœufs ou de moutons pour le compte de riches *land barons*, comme on nomme outre-Atlantique ces gros propriétaires terriens familiers aux amateurs de westerns. Ils revenaient, avec leur selle, finir leurs jours au pays.

À l'occasion du tournage d'un film, Charles Vanel, qui était venu voir mon frère, avait voulu lui acheter une de ces selles et s'était heurté au refus d'André.

Mon amour des chevaux me vient peut-être de mon grand-oncle Gabriel qui en élevait pour la remonte. C'était les réserves du 2e hussard, régiment au sein duquel je fis mon service militaire et où je connus Paul de Cordon, le futur assistant de Jean Devaivre, qui devint un ami.

Nous nous côtoyâmes pendant la guerre que je finis comme maréchal des logis-chef. Quant à Cordon, qui était maréchal des logis, il termina son service militaire avec le brevet de chef de peloton et obtint le grade de sous-lieutenant pendant la guerre. Le premier jour où cela commença à aller mal pour nous – c'était du côté de Nancy –, il fut, avec tout son peloton à cheval, encerclé et capturé par des Allemands motorisés.

Paul de Cordon était un homme sensible qui avait une grande science du cheval. Un vrai cavalier, capable de monter n'importe quel cheval. Il faisait des concours hippiques à Bordeaux. Son père était colonel au 1er étranger de cavalerie, un régiment célèbre. Cordon était un homme précis, d'une grande méticulosité et d'une exquise politesse.

Pendant la guerre, il dirigeait une écurie qui était un modèle. Il y avait des piliers dans les étables et des tresses autour du bois et autour de la litière. Des enjolivements de sous-officier minutieux. Dans sa chambre, une série de bottes de cavalier impeccablement astiquées était rangée comme à Saumur.

Il élevait des chiens et, à la suite d'un séjour à Saint-Étienne-de-Baïgorry, il fit cadeau à mon frère d'un boxer aux très belles origines. Malgré quelques accès de férocité et des glandes salivaires hyperactives, la brave bête s'avéra un bon compagnon.

Les qualités de cavalier de Cordon l'amenèrent à doubler Claude Génia dans *La Ferme des sept péchés* de Jean Devaivre. Il sautait des petits ponts en amazone, ce qui est très difficile pour un homme, car il s'agit d'un équilibre tout à fait différent.

Cordon avait le goût du théâtre. Il en avait tâté en

amateur quand il était prisonnier avec Hubert Gignoux, le futur directeur du Centre dramatique de l'Est. Il regrettait de ne pas en avoir fait son métier. Il savait que j'étais chez Dullin dont il était le petit-cousin. Il faut dire que Dullin avait une parenté innombrable. Dernier enfant d'une famille qui en comptait dix-huit, il vit un jour entrer dans sa loge un monsieur qui lui demanda :

– Vous vous appelez bien Dullin ? Vous avez été élevé au Châtelard ?

– Oui, répondit Dullin.

– Alors nous sommes parents, constata le visiteur qui n'était autre qu'un des frères aînés de mon maître.

Cordon devint un excellent photographe. Il avait un Rolleiflex dont il se servait magnifiquement. Il savait les diaphragmes qu'il fallait utiliser. Pendant la guerre, il me photographia. À la fin de sa vie, il a fait des photos de cirque admirables qui sont connues dans le monde entier. Elles sont regroupées dans un livre. Il aimait tellement le cirque qu'il a voulu s'essayer au dressage de fauves.

Depuis l'époque où notre grand-oncle Gabriel venait nous visiter avec ses animaux, mon frère et moi avions une grande attirance pour les chevaux. Nous montions à cru des chevaux de labour.

Notre père détestait l'équitation parce que à l'âge de quatre ans il avait été victime d'un accident. Le cheval qui tirait la voiture de Gabriel s'était soudain emballé et avait cassé les brancards. Mon père, qui était tombé dans le fossé, avait gardé de sa mésaventure une certaine méfiance envers les chevaux.

Tandis que mon frère étudiait la médecine, il se rendait au manège du 196e régiment d'artillerie, où il faisait une préparation militaire. Quant à moi, enfin débarrassé du lycée, je faisais de même au sein de l'escadron girondin. C'est là que je fis mes débuts de cavalier et appris à monter à cheval. Je fus fier de recevoir la médaille de bronze au terme de ma première année. C'était l'équivalent du premier degré que beaucoup de cavaliers mettaient des années à obtenir.

Nous apprenions la théorie : les maladies des chevaux, l'entretien du pied, les robes. On nous enseignait les moyens mnémotechniques pour mémoriser les robes des chevaux. Il fallait se rappeler Banc (blanc-alezan-noir-café au lait), Bis (bais-isabelle-souris), Gal (gris-aubère-lovet).

Certains apprentis cavaliers sont doués, d'autres non, d'autres encore sont souples. Mon frère était extrêmement souple. On lui avait demandé de représenter l'escadron girondin pour un concours auquel il n'a pas pu se rendre, car il avait un examen de médecine à passer à ce moment-là.

André réussissait des à terre-à cheval très facilement. Moi, je faisais des à terre-à cheval comme tout le monde, mais pas mieux que les autres, et j'étais moyen en voltige. Mais j'avais le goût de l'équitation et j'aimais le contact des chevaux. Je passais beaucoup de temps à l'écurie où on apprend tout : le pansage, la façon de lever le pied d'un cheval, de lui curer le sabot, de lui faire tendre la jambe de derrière, ce qui est important car le cheval se défend en ruant.

Dès mon arrivée à Paris, je fréquentai un manège

– le manège d'Orléans – dont l'écuyer était le général Goubine. Ce jeune général de l'année du tsar avait quitté Odessa pour se retrouver simple civil en France. Il enseignait avec un fort accent : « Action diagonale droite, action diagonale gauche ! » Il s'était installé un siège dans la sciure et lisait en même temps le résultat des courses. Son exercice préféré consistait à placer les jambes et les cuisses des demoiselles.

Je fus ensuite l'élève de Maître Charpentier, l'écuyer en chef qui servit de modèle à Paul Morand pour *Milady*. Ce professeur d'équitation hors pair m'apprit énormément sur son art – sur « sa science où il y a beaucoup de prétentieux et très peu de savants », dirait Gardefort, le héros de *Milady*. Il m'enseigna notamment l'humilité à cheval, ce qui est essentiel. Son manège était rue Leroux. Il avait une façon d'apprendre à monter complètement différente de celles des autres professeurs. Je me le rappelle s'adressant à une cavalière : « Pom… pom… pomme cuite… pomme cuite… attention ! Retenez votre cheval, mademoiselle !… Attention ! Vous allez tomber… Ça y est, elle est tombée… Vous n'avez pas de mal, mademoiselle ?… (L'air navré :) Bougarel, ramassez-lui ses nœuds. »

L'atmosphère était différente de celle qui régnait au manège militaire où le langage était fleuri et des plus virils : « Les couilles en avant !… Accompagnez le mouvement du cheval !… Les fesses doivent saigner !… »

Rue Leroux, je fis la connaissance de Jacques Bougarel qui était écuyer au manège de Charpentier. Âgé d'une vingtaine d'années, il était habillé comme un vieux cavalier du siècle dernier. Il portait des culottes de cheval bien coupées et une tenue de cavalier authentique. Excellent cavalier, il montait dans la ferme de son père une jument baptisée Mitsouko qui l'avait suivi au manège de Charpentier.

Bougarel et moi avons rapidement sympathisé. Il vint souvent au théâtre. Il se rendait dans ma loge, puis, au moment de la représentation, allait dans les cintres pour me voir jouer la fin des *Frères Karamazov*.

Il me fit acheter un cheval difficile à monter. L'animal, un cheval de polo argentin, appartenait à l'ambassadeur d'Argentine et avait été mis en haute école par Charpentier. Jacques et moi l'achetâmes et ce fut sur ce cheval à robe pie nommé Exy que j'appris la haute école. Il fut le premier de mes cinq chevaux, toutes des juments poulinières.

J'ai gardé ce bel animal pendant deux ou trois ans. Lorsque je jouais *Les Frères Karamazov*, je me levais très tôt le matin pour le monter. Je l'ai revendu plus tard au colonel Brault de Saumur.

J'ai toujours pour Bougarel la plus grande admiration et il est resté un de mes amis les plus chers. Bien des années après notre rencontre, il a ouvert une école d'équitation du côté de Châteauroux. Il avait acheté une ferme qui appartenait à la famille Rancy et abritait les chevaux lorsque le cirque n'était pas en tournée. Aidé de quelques élèves, il construisit de ses mains un manège avec des planches de récupération venant de l'armée américaine qui avait une base aérienne à Châteauroux.

Un des élèves de Bougarel, Michel Pilorgé, était ami avec Gérard Depardieu qui lui demanda un jour :

– Que fais-tu en ce moment ?

– Je me suis inscrit dans un cours d'art dramatique et j'ai commencé à faire du théâtre.

L'idée parut bonne à Depardieu qui partit pour Paris où il travailla bientôt avec Jean-Laurent Cochet.

Bougarel ne monte plus maintenant. À un certain âge, il est conseillé d'abandonner l'équitation à cause des chutes. Certains cavaliers montent jusqu'à quatre-vingts, voire quatre-vingt-dix ans, mais, devenus fragiles, ils s'exposent à des risques considérables.

En 1962, j'achetai Yerma (« stérile », en espagnol), une jument andalouse baptisée ainsi en hommage à Federico García Lorca. Je la gardai longtemps et lui appris beaucoup de choses. Elle faisait bien les appuyés et elle commençait à apprendre le pas espagnol. Mon enseignement s'arrêta là, mais elle était vraiment douée. C'était mon frère, calé dans ce domaine, qui l'avait choisie. À cette époque-là, des passeurs faisaient traverser la frontière à des troupeaux de chevaux qu'ils revendaient en France.

J'étais moi-même assez doué pour choisir les chevaux, ce qui ne m'empêcha pas d'en connaître de difficiles qui prirent du plaisir à me flanquer par terre. Cela arriva à Yerma qui avait peur des chiens. Un jour, je la forçai à aller à un certain endroit où malheureusement un chien l'attendait. Elle fut prise de terreur. Ne pouvant plus lutter contre la défense de ma jument, je tombai sans trop de dommages.

Je ne passai pas une année sans monter. Je vendis un poulain de Yerma, j'en gardai un autre, et j'achetai un troisième cheval que je pouvais atteler. Entre-temps mon frère eut ses chevaux qu'il venait monter chez moi, à Ponsampère.

Lorsque vous vous promenez seul à cheval, vous découvrez la nature d'une tout autre manière. Cela se fait par l'intermédiaire des pas de votre monture qui avance avec son instinct. Le cheval vous permet d'avoir ce contact irremplaçable avec les feuilles des arbres, les buissons et l'herbe que son sabot écrase. Il y a aussi la sensation grisante, que seuls connaissent les cavaliers, de pouvoir aller plus vite ou ralentir l'allure selon l'envie.

Je n'ai jamais été intéressé par la compétition. Ce qui me plaisait, c'était de mettre des chevaux en haute école, c'est-à-dire de savoir conduire un cheval en ayant la volonté de guider ses pas. Cet ABC du cheval peut se résumer aux mots de Gardefort : « En avant, calme, et droit. » À chaque séance, il faut conserver en permanence un œil critique. La complaisance ne doit pas exister en équitation.

Après la guerre, je voulais faire un numéro de haute école comique au cirque avec un cheval, ce qui est difficile. Ce projet ne s'est pas réalisé à cause de mes engagements au théâtre.

En 1976, je trouvai à la télévision un des meilleurs rôles de ma carrière en la personne de Gardefort, dans une belle adaptation de la nouvelle d'un bugattophile notoire, Paul Morand.

Gardefort vit une histoire d'amour avec une jument. L'action se passe à Saumur, « la Comédie-Française des chevaux » ou encore « la dernière ville où l'on galope assis et non debout sur les étriers ». Lorsqu'on lit le texte de Morand, on ne peut qu'être porté par lui et par le sujet.

Ce fut une chance pour moi de rencontrer François Leterrier qui est le beau-frère d'un excellent cavalier, Laurent Fabius. Mon entente avec le metteur en scène d'*Un roi sans divertissement* fut parfaite.

Ma première scène m'opposait à Jean Martinelli. Ayant l'impression que c'était Maître Charpentier qui parlait par ma bouche, j'eus tendance à imiter sa voix si caractéristique. Leterrier me corrigea immédiatement en me disant :

– Non, ça, c'est inutile. C'est trop. Soyez naturel.

Il me demanda de parler avec ma voix et d'abandonner le ton grave que j'avais adopté.

Le personnage de Gardefort est un solitaire. Comme il le dit lui-même, « il a toujours adoré les femmes et elles ne l'ont jamais aimé ». Il a eu des problèmes avec elles, et plus particulièrement avec celle qu'il avait épousée. Il doit vendre son cheval à cause de leur divorce. Plus sa femme l'a fait souffrir, plus il s'est donné aux chevaux.

Des hommes qui ont eu des difficultés avec les femmes et la vie, il y en a eu des tas et il y en aura d'autres, mais Gardefort est un être rare. C'est un personnage entier, un prototype qui représente tous les hommes de cette trempe, la quintessence d'une espèce en voie de disparition. J'ai eu et conserve une vraie affinité avec ce bonhomme.

François Nadal, qui avait réglé les cascades équestres de nombreux films, m'a doublé pour la scène du passage du viaduc à la fin de *Milady*. J'ai le vertige et il m'était absolument impossible de le surmonter.

Même en haut d'une simple butte, avec la hauteur du cheval, j'étais terrorisé. Dans ces cas-là, on est complètement paralysé.

Nadal lui-même était sceptique. Sur le viaduc, tous les vingt-cinq mètres, il y avait un regard métallique. Il était impossible de faire avancer le cheval sur une plaque de fonte. La jument risquait d'être effrayée par le bruit, mais, grâce à son expérience, il réussit la traversée et le résultat à l'écran est parfait.

Morand ne voulait pas que *Milady* fût adapté à l'écran, mais lorsqu'il vit le résultat, il l'approuva totalement. À l'issue de la présentation du film, il était ému aux larmes. Il m'embrassa et me félicita.

Pendant le tournage de *Milady*, je fis la connaissance de la tante de mon futur gendre, la femme du colonel Bouchet qui dirigeait le Cadre noir de Saumur. Il était le conseiller technique auprès de la production.

Lorsqu'il était lieutenant-colonel, Bouchet avait connu mon frère pendant des concours hippiques. Quand se posa la question du choix de la gracieuse jument chargée d'incarner Milady, le colonel décida :

– Il aura Nantais comme cheval.

C'était sa propre monture. Malheureusement, il mourut peu de temps après dans un accident de voiture.

Le commandant Durand, qui était l'écuyer en chef du Cadre noir et montait également Nantais, prit la suite du colonel Bouchet. Ne connaissant pas mes capacités en matière d'équitation, il m'attribua un autre cheval. Ce cheval, qui s'appelait Mirmoz, tint parfaitement son rôle pour un nombre de picotins qu'il ne m'appartient pas de révéler.

15

De Compostelle à Ponsampère

À l'époque du cabaret, je menais une vie infernale. Mon emploi du temps était chargé. J'avais à peine le temps de dormir, encore moins celui de lire. Je lisais par à-coups. En revanche, le démon de l'écriture me démangeait. J'avais jeté quelques petites choses sur le papier, mais le temps me manquait pour développer mes textes.

Sur le tournage de *Ce cher Victor*, je fis la connaissance du dialoguiste du film, Patrick Laurent. Il me présenta à Roland Laudenbach, neveu de Pierre Fresnay et directeur des Éditions de la Table ronde.

Laudenbach me proposa de rédiger mes mémoires, mais les autobiographies s'écrivent à la fin d'une vie, et, à l'époque, je ne pensais pas être arrivé au terme de mes jours.

L'écriture de *La Route de Compostelle* s'échelonna sur deux ou trois mois. Laurent lisait mon manuscrit. Je n'avais absolument aucun modèle littéraire. Tout venait de moi de la manière la plus authentique.

Je décidai que le livre débuterait dans une épicerie. Un homme fait la connaissance des Saramon, un couple de jumelles quadragénaires et vieilles filles qui ont besoin de rencontrer quelqu'un pour échapper à leur quotidien. Je développai mon texte à partir des anecdotes que j'avais déjà plus ou moins écrites sur des carnets.

J'avais choisi pour décor les environs de Mirande. J'y connaissais une épicerie. Il m'était arrivé d'y aller par hasard avec une nièce de ma femme. L'échoppe fantomatique semblait surgie du passé. Les rayons de la boutique étaient presque vides et la clientèle inexistante. Une étude scientifique de la couche de poussière recouvrant les deux ou trois boîtes de sardines en rayon aurait pu fournir de précieux renseignements quant à l'âge du capitaine qui avait pêché les malheureux poissons étêtés. Une tablette de vieux chocolat rance tentait d'oublier sa solitude en se remémorant avec émotion ses origines cacaoyères. Si on voulait un œuf ou deux, l'épicière allait en quérir chez la voisine. Le lieu était propice à la rêverie.

Les chapitres de *La Route de Compostelle* peuvent être lus comme des nouvelles, puisque chacun d'eux correspond à une histoirc racontée par le narrateur aux sœurs Saramon. Il fallut mettre l'ensemble en forme, mais le livre fut écrit d'un premier jet.

Écrire fut pour moi une expérience de plus. Contrairement à mon frère qui s'est mis à écrire sérieusement sur le tard, il ne s'agissait pas d'une vocation rentrée. Je fus tout de même plus ou moins tenté de recommencer l'expérience. C'était merveilleux d'être publié.

Dans *La Route de Compostelle*, publiée en 1977, il

n'y a pas de vraie trame. L'histoire est en points de suspension. Lorsque j'ai présenté le manuscrit à Roland Laudenbach, il l'a apprécié et était même persuadé que j'allais avoir un prix.

Lorsque je relis ce livre, j'en trouve le ton poétique et en retiens deux ou trois bonnes choses. C'était pour moi l'occasion d'essayer de faire vivre des caractères plus aboutis que certains personnages de mes sketches. Sans doute avais-je plus le talent de faire naître des images que de raconter une histoire. À travers les conversations des jumelles et des rencontres imaginaires décrites, j'ai pu développer ma vision du monde et dire mon attachement au passé.

Finalement *La Route de Compostelle* fut un échec. Cette fantaisie ne toucha pas grand monde. Je rachetai les trente derniers exemplaires du stock.

En 1962, j'ai acquis la ferme de Ponsampère, près de Mirande.

À l'occasion d'une des leçons de perfectionnement de conduite de 2 CV qu'elle prenait à l'époque, Colette, ma femme, avait repéré cette propriété abandonnée au milieu d'une clairière.

Elle avait un toit qui était démoli et un mur à demi écroulé. Sur le bord de la route, on découvrait un vieux porche qui était un vestige des ruines de l'abbaye des trappistes de Berdoues, laquelle datait du XIIe siècle. La ferme et le bois de Berdoues appartenaient aux cisterciens. Leurs terres devaient s'étendre jusqu'à Mirande.

Depuis mon séjour à Cornac, j'avais l'intention de posséder une ferme avec des animaux. J'éprouvais le besoin de retrouver mes racines. Le succès des *Maxibules* me permit d'arrêter le cabaret, de me payer des vacances, et me procura une relative aisance financière.

Empruntant le chemin de la forêt pour la première fois, j'arrivai jusqu'à la ferme. Sur le champ d'en face, je remarquai une buse attachée à un pieu. Justin Soulé, un paysan qui allait travailler pour moi pendant plus de quinze ans, s'avança vers nous et nous salua. Lorsque nous lui demandâmes ce que la pauvre bête faisait ainsi ligotée, il nous répondit :

– C'est pour donner le bon exemple et montrer aux buses ce qu'elles deviendront si elles continuent à tuer des oiseaux ou de la volaille.

L'infortuné animal se débattait. Justin finit par le détacher, mettant ainsi un terme à sa punition.

Cet homme-là avait un caractère particulier. Il était secret. Il parlait rarement et uniquement quand ça lui semblait nécessaire. Il se taisait mais observait beaucoup. J'ai eu l'occasion de le mettre en scène dans *Les Langues mortes*, le court-métrage que Devaivre est venu tourner chez moi.

Il faisait sa cuisine lui-même – très mal d'ailleurs. Il était au service d'une vieille dame qui était la belle-sœur du paysan auquel j'avais acheté ma ferme. Je lui ai demandé s'il voulait rester avec nous. Il a accepté et s'est installé chez moi. Plus tard, un de mes amis, le romancier Renzo Bianchini, a vécu et s'est nourri chez Justin qui avait un jardin où il faisait pousser son « tabaque » et quelques légumes.

Avant mon arrivée, le reste de la propriété était occupé par la famille Pouy. Il y avait là le père Pouy, son fils, une sœur, la grand-mère et la sœur de l'aïeule à qui appartenait la maison.

Dès l'achat de Ponsampère, Justin monta en grade. Il disait qu'il parlait allemand parce qu'il était resté cinq ans en captivité. Il connaissait quelques mots de conversation courante : « J'ai faim », « J'ai soif »...

Il était très calé à tous les points de vue : il faisait son jardin, le labourait, semait, récoltait. Il savait faire pousser du maïs, conduire des bœufs et des vaches, manœuvrer un tracteur. Dans son jardin, on trouvait des carottes, des fèves et des tomates. Nous ramassions des sacs entiers d'artichauts.

J'ai fait planter des arbres fruitiers. J'ai acheté une première vache que j'ai logée provisoirement dans l'ancienne étable. Au bout de quelques années, l'étable a été arrangée en boxes dont j'ai moi-même construit les portes.

Mon expérience d'agriculteur était ridicule aux yeux de Justin. Mais j'étais capable de tailler une vigne. J'avais appris à le faire sur une grande échelle car il y avait au moins six hectares de vignes à Cornac. Je n'ai jamais été tenté de devenir viticulteur pour autant.

Justin, qui avait été cultivateur toute sa vie, s'occupait de tout. Il a pris sa retraite et est aujourd'hui âgé de quatre-vingt-cinq ans.

Pour moi, le plus important était d'avoir des vaches de travail gasconnes. Ce sont les seules à être adaptées à la région. Elles supportent la chaleur, les mouches et les taons. Les chevreuils viennent les voir. Des conversations d'abreuvoir s'engagent. Des amitiés se nouent peut-être.

J'ai eu six vaches gasconnes avec des muqueuses noires autour des yeux et un menton et un nez blancs. J'en ai deux qui vivent encore, Mascarino et Cardino. Elles ont quatorze ans. Elles ont été prêtées à un agriculteur qui les nourrit et les utilise. Chaque année, elles ont chacune un veau.

Il y a maintenant beaucoup de sangliers autour de ma ferme, ce qui rend les promenades à cheval très dangereuses. Si la laie est accompagnée de ses petits, elle n'hésite pas à foncer sur les montures pour les défendre.

En 1987, à l'occasion du tournage d'un court-métrage pour la télévision belge, je découvris du côté de Mauvezin, à deux heures de Ponsampère, le château de Bouvées, situé près d'un village du même nom qui n'existe plus sur la carte. Il n'en reste que le clocher. Je ne connaissais pas ce coin du Gers.

La réalisatrice Chantal Myttenaere m'avait confié le rôle d'un personnage qui tournait un documentaire sur la région. Je me retrouvai par hasard dans ce château. Lorsque j'appris qu'il était à vendre, je n'y prêtai pas tout de suite attention.

Le lendemain, un des fils du propriétaire me fit les honneurs du lieu. Il était presque entièrement à l'abandon. Je remarquai surtout les ruines d'une chapelle qui avait connu des jours meilleurs, une tour délabrée et un hangar en piteux état.

Les propriétaires étaient des cultivateurs qui ne s'intéressaient qu'à la grande étable – la seule pièce bien entretenue – où l'on pouvait loger vingt-cinq vaches. Le reste du château avait dépassé le stade du chef-d'œuvre en péril, ce qui ne m'empêcha pas d'en tomber amoureux. J'étais décidé à rendre sa dignité à cette demeure humiliée.

Je m'enquis de son prix auprès du propriétaire. La somme me parut exorbitante. J'en parlai à mon notaire qui lui fit différentes propositions. Il réussit à faire baisser le prix d'origine qui était de 180 millions d'anciens francs. Nous devînmes châtelains pour 100 millions.

Mon frère et un de mes neveux qui est architecte firent un plan des travaux très détaillé. André s'occupa de joindre des maçons et des électriciens pour tout remettre en état. La seule réfection de l'électricité et de la maçonnerie dura des années. Certaines cloisons s'écroulaient. Elles furent refaites avec des briques ou des pierres et tous les matériaux nécessaires.

La chapelle était abandonnée et utilisée comme grenier à blé. Je fis enlever le plancher pour dégager le dessous de l'édifice dont les fenêtres avaient été bouchées par de la maçonnerie. Je découvris un escalier. Il montait directement dans les combles et débouchait sur un couloir menant à une partie du château inhabitée depuis une éternité.

Grâce à un hagioscope – une ouverture à volets dans le transept qui permet de voir l'autel –, les propriétaires des siècles précédents avaient la possibilité de suivre discrètement la messe.

Le château avait une grande et belle tour de trois étages. Elle abritait une salle voûtée assez ancienne avec des nervures et une fenêtre à meneaux qui correspondaient au style du château, datant de la fin du gothique au début du flamboyant. Cette pièce aux murs épais était à moitié inondée. Une gouttière y vomissait son eau. Des chauves-souris décoratives faisaient de la figuration avec talent.

En 1936, j'avais peint un tableau me représentant assis sur un tabouret devant une grande cheminée simple et sans style inspirée de celle de notre maison de Bègles. Sur cette toile, on pouvait voir également un escalier qui descendait et une voûte qui n'existaient alors que dans mon imagination. Tous ces éléments, je les retrouvai un demi-siècle plus tard dans la tour de Bouvées.

Je fis enlever la peinture, un badigeon quelconque, et commençai à dégager et à faire réparer les fenêtres à meneaux. Dans cette salle, les ogives étaient intactes. Après avoir fait fabriquer de beaux lits à baldaquin, j'y installai ma chambre. La vue donnait sur la cour où il y avait quelques rosiers, de l'herbe et une vigne vierge. Rien n'était entretenu.

Une seule pièce était habitable. Elle avait été transformée en cuisine. D'un côté de la cheminée, il y avait une cuisinière à charbon et dans la cheminée elle-même, un fourneau à gaz.

J'installai une salle de bains au rez-de-chaussée dans la pièce dont l'escalier débouchait sur la cave. Nous enlevâmes les carreaux qu'il fallait refaire et installâmes un chauffe-eau. Mon frère supervisa les opérations. Je lui dois beaucoup.

À la foire aux antiquaires de Bordeaux, j'achetai un autel pour dire la messe.

Ma fille a fait la connaissance de son futur mari dans la chapelle du château. Il aurait fallu y poser une pierre avec pour inscription : « Ici se sont rencontrés la mère et le père de nos petits-enfants. »

Par une étrange coïncidence, j'avais connu les grands-parents de mon futur gendre Emmanuel vers 1930. J'étais alors au lycée Montaigne de Bordeaux et m'occupais de camping. La famille d'Emmanuel possédait un immeuble sur les quais. Ses grands-parents vendaient de l'accastillage pour la marine à voile et toutes sortes d'équipements, des bottes, des sabots cloutés avec des tiges en toile de voile. Ces sabots étaient pratiques pour marcher dans le fumier et je m'en étais acheté une paire.

À l'occasion d'un gala, en face du théâtre Sarah-Bernhardt, j'ai rencontré Jack Lang et lui ai demandé comment classer un château. Il me répondit :

– Adressez-vous à ma femme.

Deux mois après, mon château était classé.

L'architecte des Monuments historiques vint à Bouvées et, voyant ma passion pour le lieu, m'aida beaucoup.

Au fil des ans, certains objets me furent dérobés. Une cloche et son montant que j'avais achetés me furent volés, ainsi que des fauteuils Restauration que j'avais fait restaurer à Mirande.

Quelques années plus tard, le fisc s'étant rappelé à mon souvenir, je fus obligé d'interrompre la restauration du château et de le vendre.

J'évite de repenser à mon château de Bouvées. Le nouveau propriétaire n'a pas les mêmes idées que moi. Il a déjà fait des transformations qui me paraissent inutiles et d'autres que je pensais faire plus tard.

Mon château en Gascogne était né de la rêverie d'un jeune homme solitaire. Qu'il repose en paix au cimetière des songes.

Filmographie

Longs métrages

1939	*Le Corsaire* (inachevé, Marc Allégret).
1941	*Croisières sidérales* (André Zwobada).
1943	*Adieu Léonard* (Pierre Prévert).
1943	*Premier de cordée* (Louis Daquin).
1946	*Le Bateau à soupe* (Maurice Gleize).
1947	*Brigade criminelle* (Gilbert Gil).
1947	*Le Destin exécrable de Guillemette Babin* (Guillaume Radot).
1947-1948	*La Figure de proue* (Christian Stengel).
1948	*La Ferme des sept péchés* (Jean Devaivre).
1949	*Histoires extraordinaires* (Jean Faurez).
1949	*Vendetta en Camargue* (Jean Devaivre).
1950	*Bibi Fricotin* (Marcel Blistène).
1950	*Caroline chérie* (Richard Pottier).
1951	*Deux sous de violettes* (Jean Anouilh).

1951 *Ma femme, ma vache et moi* (Jean Devaivre).

1952 *Le Rideau rouge/Ce soir on joue Macbeth/Les Rois d'une nuit* (André Barsacq).

1952 *Le Chemin de Damas* (Max Glass).

1952 *Un caprice de Caroline chérie* (Jean Devaivre).

1953 *Saadia* (Albert Lewin, États-Unis).

1953 *Sang et lumières/Sangre y Luces* (Georges Rouquier et Ricardo Muñoz Suay, Fr./Esp.).

1953 *Le Chevalier de la nuit* (Robert Darène).

1954 *Cadet-Rousselle* (André Hunebelle).

1955 *Milord l'Arsouille* (André Haguet).

1955 *Ce sacré Amédée* (Louis Félix).

1955 *Paris coquin/Paris canaille* (Pierre Gaspard-Huit).

1955 *Marie-Antoinette* (Jean Delannoy, Fr./It.).

1956 *Mon curé chez les pauvres* (Henri Diamant-Berger).

1956 *Notre-Dame de Paris* (Jean Delannoy, Fr/It.).

1956 *La vie est belle* (Roger Pierre et Jean-Marc Thibault).

1956 *Courte Tête* (Norbert Carbonnaux).

1956 *The Happy Road/La Route joyeuse* (Gene Kelly, États-Unis).

1956 *Jusqu'au dernier* (Pierre Billon).

1956 *Que les hommes sont bêtes !* (Roger Richebé).

1957 *Nathalie* (Christian-Jaque, Fr./It.).

1957	*Mademoiselle Strip-Tease* (Pierre Foucaud).
1957	*Le Temps des œufs durs* (Norbert Carbonnaux).
1958	*Chéri, fais-moi peur !* (Jack Pinoteau).
1958	*Et ta sœur* (Maurice Delbez).
1958	*Le Petit Prof* (Carlo Rim).
1958	*Maxime* (Henri Verneuil).
1958	*Taxi, roulotte et corrida* (André Hunebelle).
1958	*Bobosse* (Étienne Périer).
1958	*I Tartassati/Fripouillard et compagnie* (Steno [Stefano Vanzina], It./Fr.).
1958-1959	*Julie la Rousse* (Claude Boissol).
1959	*Signé Arsène Lupin/Il ritorno di Arsenio Lupin* (Yves Robert, Fr./It.).
1959	*Le travail, c'est la liberté* (Louis Grospierre).
1959	*Préméditation* (André Berthomieu).
1960	*Zazie dans le métro/Zazie nel metro* (Louis Malle, Fr./It.).
1960	*Dans l'eau qui fait des bulles* (Maurice Delbez).
1960	*Dans la gueule du loup* (Jean-Charles Dudrumet).
1960	*Le Vergini di Roma/Les Vierges de Rome* (Carlo Ludovico Bragaglia et Vittorio Cottafavi, It./Fr.).
1961	*Le Monocle noir* (Georges Lautner).
1961	*Snobs* (Jean-Pierre Mocky).
1961	*La Guerre des boutons* (Yves Robert).
1961	*La Poupée* (Jacques Baratier).

1962 *Un clair de lune à Maubeuge* (Jean Chérasse).

1962 *Clémentine chérie* (Pierre Chevalier, Fr./It.).

1962-1963 *Coup de bambou* (Jean Boyer).

1963 *L'assassin connaît la musique* (Pierre Chenal).

1963 *Dragées au poivre/Confetti al pepe* (Jacques Baratier, Fr./It.).

1963 *Le Bon Roi Dagobert/Il Re e il Monsignore* (Pierre Chevalier, Fr./It.).

1963 *Voir Venise et crever/La spia che venne dall'ovest/Mord am Canale Grande* (André Versini, Fr./It./RFA).

1963 *The Visit/Der Besuch/La Rancune/La Vendetta della signora* (Bernhardt Wicki, États-Unis/RFA/Fr./It.).

1964 *La Grande Frousse/La Cité de l'indicible peur* (Jean-Pierre Mocky).

1964 *Spuit Elf* (Paul Cammermans, Belg./Holl.).

1964-1965 *Lady L* (Peter Ustinov, États-Unis/Fr./It.).

1965 *La Communale* (Jean L'Hôte).

1965 *L'Or du duc* (Jacques Baratier).

1965 *James Tont Operazione DUE* (Bruno Corbucci, It.).

1965-1966 *L'Inconnu de Shandigor* (Jean-Louis Roy, Suisse).

1966 *Johnny Banco/Johnny Banco – geliebter Taugenichts* (Yves Allégret, Fr./It./RFA).

1966 *Y Mañana?* (Émile Degelin, Belg./Holl.).

1967	*Les Aventures de Lagardère* (Jean-Pierre Decourt).
1967	*Les Têtes brûlées/Cabezas cremadas* (Willy Rozier, Fr./Esp.).
1967	*Benjamin ou les Mémoires d'un puceau* (Michel Deville).
1969	*Appelez-moi Mathilde* (Pierre Mondy).
1969	*Un merveilleux parfum d'oseille* (Renaldo Bassi).
1969	*Une veuve en or* (Michel Audiard, Fr./It./RFA).
1970	*Fantasia chez les ploucs/Il rompiballe... rompe ancora* (Gérard Pirès, Fr./It.).
1971	*Les Bidasses en folie* (Claude Zidi).
1971	*Pavane pour un crétin défunt/Chut !* (Jean-Pierre Mocky).
1972	*Corazón solitario* (Francisco Befriú, Esp./Fr.).
1972	*La Brigade en folie* (Philippe Clair).
1972	*Une journée bien remplie/Una giornata spesa bene* (Jean-Louis Trintignant, Fr./It.).
1973	*Les Corps célestes* (Gilles Carle, Can./Fr.).
1973	*La Grande Nouba* (Christian Caza = Michel Ardan).
1973	*Un ufficiale non si arrende mai nemmeno di fronte all'evidenza, firmato colonello Buttiglione/Il colonello Buttiglione/Si, si, mon colonel* (Mino Guerrini, It./Fr.).
1973	*Crash ! Che botte strippo, strappo stroppo/Si wang yi hou* (Adalberto Albertini, It./Hong Kong).

1974	*Ce cher Victor* (Robin Davis).
1974	*Il professore venga accompagnato dai suoi genitori* (Mino Guerrini, It.).
1974	*Basta con la guerra... facciamo l'amore* (Andrea Bianchi, It.).
1974	*Il colonello Buttiglione diventa generale/Vive la classe !* (Mino Guerrini, It./Fr.).
1974	*L'Érotomane* (Marco Vicario, It.).
1975	*Buttiglione diventa capo del Servizio segreto* (Mino Guerrini, It.).
1975	*Il soldato di ventura/La Grande Bagarre/El soldado de fortuna* (Pasquale Festa Campanile, It./Fr./Esp.).
1976	*La Victoire en chantant/Blancs et Noirs en couleurs/Sensucht nach Afrika* (Jean-Jacques Annaud, Fr./RFA/Côte d'Ivoire).
1976	*Voto di castità* (Joe D'Amato = Aristide Massaccesi, It.).
1976	*Il medico e la studentessa* (Silvio Amadio, It.).
1976	*Dimmi che fai tutto per me* (Pasquale Festa Campanile, It.).
1977	*Le Crabe-Tambour* (Pierre Schoendoerffer).
1977	*Von Buttiglione Sturmtruppenführer/Ya. Ya mon colonel* (Mino Guerrini, It./Fr.).
1978	*Nosferatu, Phantom dem Nacht/Nosfératu, fantôme de la nuit* (Werner Herzog, RFA/Fr.).
1979	*Rue du Pied-de-Grue* (Jean-Jacques Grand-Jouan).
1980	*Le Cheval d'orgueil* (Claude Chabrol).

1980 *Un mauvais fils* (Claude Sautet).
1982 *Y a-t-il un Français dans la salle?* (Jean-Pierre Mocky).
1983 *Tahounet Al Sayed Fabre/Le Moulin de Monsieur Fabre* (Achmed Rachedi, Alg.).
1985 *L'homme qui n'était pas là* (René Féret).
1987 *À notre regrettable époux* (Serge Korber).
1988 *Mangeclous* (Moshé Mizrahi).
1988 *La Vouivre* (Georges Wilson).
1991 *Les Enfants du naufrageur* (Jérôme Foulon).
1992 *Pétain* (Jean Marbœuf).
1996 *Nel profondo paese straniero/Homère, la dernière odyssée/Homère, portrait de l'artiste dans ses vieux jours* (Fabio Carpi, It./Fr./Suisse).
1998 *C'est quoi la vie?* (François Dupeyron).
1998 *Les Enfants du marais* (Jean Becker).
2001 *Là-haut, un roi au-dessus des nuages* (Pierre Schoendoerffer).

Courts métrages

1947 *Pyrénées, terre de légendes – Les Baiars* (Jean Lods).
1949 *Les Étoiles* (réalisation seulement).
1960 *XYZ* (voix, Philippe Lifchitz).
1962 *Les Travestis du diable* (commentaire, Patrick Waldberg et Jean de Bravura).

1962 *L'Âge d'or du fer* (commentaire, Jean Valentin).

1964 *Autostop** (Éric Duvivier).

1965 *La Prima Donna* (Philippe Lifchitz).

1966 *Anaconda* (commentaire, Jean Desvilles et Eddy Ryssack).

1968 *Les Langues mortes* (Anne-Marie et Jean Devaivre).

1970 *Au verre de l'amitié* (Claude Makovski).

1971 *Les Autopathes** (Éric Duvivier).

1972 *Le Chavalanthrope* (commentaire, Mario Ruspoli).

1984 *La fièvre monte à Castelnau* (Patrice Rolet).

1984 *Grand-Père s'est encore sauvé* (Jean-Claude Tourneur).

1999 *Le Passeur* (Michel Brack).

---

* Deux des cinq courts métrages composant le film *Fou*, distribué en salles en 1979.

Théâtre

1939	*Les Fourberies de Scapin.* Auteur : Molière. Mise en scène : Jean Dasté. Pièce jouée sous le chapiteau du cirque Fanny, à l'occasion des fêtes du cinquantenaire de la tour Eiffel.
1939	*Le Médecin volant.* Auteur : Molière. Mise en scène : Jean Dasté. Pièce jouée sous le chapiteau du cirque Fanny, à l'occasion des fêtes du cinquantenaire de la tour Eiffel.
1941	*800 mètres.* Auteur : André Obey. Mise en scène : Jean-Louis Barrault. Stade Roland-Garros.
1942	*La Princesse des Ursins.* Auteur : Simone Jollivet. Mise en scène : Charles Dullin. Théâtre de la Cité/Théâtre Sarah-Bernhardt.

1942 *Le Misanthrope et l'Auvergnat.* Auteur : Eugène Labiche. Mise en scène : Charles Dullin. Théâtre de la Cité/Théâtre Sarah Bernhardt.

1942 *Les Amants de Galice.* Auteur : Lope De Vega. Mise en scène : Charles Dullin. Théâtre de la Cité/Théâtre Sarah-Bernhardt.

1942 *L'Avare.* Auteur : Molière. Mise en scène : Charles Dullin. Théâtre de la Cité/Théâtre Sarah-Bernhardt.

1942 *La Fontaine aux saints.* Auteur : John Millington Synge. Mise en scène : André Clavé. Théâtre Lancry.

1945 *Les Gueux au Paradis.* Auteurs : G.M. Martens et André Obey. Mise en scène : Maurice Jacquemont. Studio des Champs-Élysées et Comédie des Champs-Élysées.

1945 *Le Grand Voyage du pauvre nègre.* Numéro avec Pierre Latour au Théâtre de Poche, dans un spectacle de variétés animé par Francis Blanche sous le titre *Les Chansonniers au Paradis*. Repris à l'ABC.

1945	*Le Faiseur*. Auteur : Honoré de Balzac. Mise en scène : Charles Dullin. Théâtre Sarah-Bernhardt.
1945-1946	*Les Frères Karamazov.* Auteur : Fedor Dostoïevski. Adaptation théâtrale de Jacques Copeau et Jean Croué. Mise en scène : André Barsacq. Théâtre de l'Atelier.
1947	*L'An Mil.* Auteur : Jules Romains. Mise en scène : Charles Dullin. Théâtre Sarah-Bernhardt.
1947-1948	*L'Archipel Lenoir.* Auteur : Armand Salacrou. Mise en scène : Charles Dullin. Théâtre Sarah-Bernhardt et en tournée.
1949	*La Fête du gouverneur.* Auteur : Alfred Adam. Mise en scène : Jean-Pierre Grenier. Théâtre de la Renaissance.
1950	*Le bourreau s'impatiente.* Auteur : Jean Sylvant. Mise en scène : Roger Blin. Théâtre de la Gaîté Montparnasse.
1951	*Colombe.* Auteur : Jean Anouilh. Mise en scène : André Barsacq. Théâtre de l'Atelier ; tournée Karsenty en 1953-1954.
1952	*Le Village des miracles.* Auteur : G.M. Martens. Mise en scène : Maurice Jacquemont. Studio des Champs-Élysées.

1952 *La Petite Femme de Loth.* Auteur : Tristan Bernard. Mise en scène : Georges Vitaly. Théâtre La Bruyère.

1953 *La Garde-Malade.* Auteur : Henri Monnier. Mise en scène : Georges Wilson. Trois représentations au Festival d'Avignon dans le verger d'Urbain V.

1953 *Le Médecin malgré lui.* Auteur : Molière. Mise en scène : Jean-Pierre Darras. Trois représentations au Festival d'Avignon dans le verger d'Urbain V.

1954 *La Condition humaine.* Auteur : André Malraux. Adaptation théâtrale : Thierry Maulnier. Mise en scène : Marcelle Tassencourt. Théâtre Hébertot.

1954 *La Marguerite.* Auteur : Armand Salacrou. *Un Imbécile.* Auteur : Luigi Pirandello. Montréal.

1956 *Le Mal court.* Auteur : Jacques Audiberti. Mise en scène Georges Vitaly. Théâtre La Bruyère.

1956 *Isabelle et le Pélican.* Auteur : Marcel Franck. Théâtre Édouard-VII.

1957 *La Nuit romaine.* Auteur : Albert Vidalie. Mise en scène : Marcelle Tassencourt. Théâtre Hébertot.

1958 *Le Chinois.* Auteurs : Barillet et Grédy. Mise en scène : Georges Vitaly. Théâtre La Bruyère. Reprise en 1964.

1958 *Le Ouallou.* Auteur : Jacques Audiberti. Mise en scène : Georges Vitaly. Théâtre La Bruyère.

1959 *Edmée.* Auteur : P.A. Bréal. Mise en scène : Georges Vitaly. Théâtre La Bruyère.

1959 *L'Effet Glapion.* Auteur : Jacques Audiberti. Mise en scène : Georges Vitaly. Théâtre La Bruyère. Tournée Karsenty en 1962-1963.

1960 *Le Mariage de Monsieur Mississippi.* Auteur : Friedrich Dürrenmatt. Mise en scène : Georges Vitaly. Théâtre La Bruyère.

1961 *Le Rêveur.* Auteur : Jean Vauthier. Mise en scène : Georges Vitaly. Théâtre La Bruyère.

1961 *Les Maxibules.* Auteur : Marcel Aymé. Mise en scène : André Barsacq. Théâtre des Bouffes-Parisiens.

1962 *L'Avare.* Auteur : Molière. Mise en scène : André Barsacq. Théâtre de l'Atelier.

1965 *Pourquoi pas vamos ?* Auteur : Georges Conchon. Mise en scène : Jean Mercure. Théâtre Édouard-VII.

1966 *Décibel.* Auteur : Julien Vartet. Mise en scène : Pierre Dux. Théâtre de la Madeleine.

1968 *Chêne et Lapins angoras.* Auteur : Martin Walser. Mise en scène : Georges Wilson. TNP. Salle Gémier.

1969 *Le Gardien.* Auteur : Harold Pinter. Adaptation : Éric Kahane. Mise en scène : Jean-Laurent Cochet. Théâtre Moderne.

1977-1978 *Les Aiguilleurs.* Auteur : Brian Phelan. Adaptation : Isabelle Famchon. Mise en scène : Georges Wilson. Théâtre de Boulogne-Billancourt. Théâtre de l'Œuvre. Tournée.

1980 *L'Intoxe.* Auteur : Françoise Dorin. Mise en scène : Jean-Laurent Cochet. Théâtre des Variétés.

1982-1983 *Le Gardien.* Auteur : Harold Pinter. Mise en scène : Georges Wilson. Tournée en France et à l'étranger.

1984 *Sarah et le cri de la langouste.* Auteur : John Murrel. Adaptation : Georges Wilson. Mise en scène : Georges Wilson. Théâtre de l'Œuvre. Tournée.

1984-1985 *L'Escalier.* Auteur : Charles Dyer. Mise en scène : Georges Wilson. Théâtre de l'Œuvre.

1986-1987 *Léopold le bien-aimé.* Auteur : Jean Sarment. Mise en scène : Georges Wilson. Théâtre de l'Œuvre.

1988-1989 *Je ne suis pas Rappaport.* Auteur : Herb Gardner. Mise en scène : Georges Wilson. Théâtre de l'Œuvre. Reprise en 1991.

1989 *Le Gardien.* Auteur : Harold Pinter. Mise en scène : Georges Wilson. Théâtre de l'Œuvre.

1991 *Le Météore.* Auteur : Friedrich Dürrenmatt. Mise en scène : Georges Wilson. Théâtre de L'Œuvre.

1993 *Show Bis.* Auteur : Neil Simon. Mise en scène : Georges Wilson. Théâtre des Bouffes-Parisiens.

1993 *Ne coupez pas mes arbres.* Auteur : W.D. Home. Adaptation : Marc-Gilbert Sauvajon. Mise en scène : Michel Roux. Théâtre des Bouffes-Parisiens.

1993-1995 *Quelque part dans cette vie.* Auteur : Israël Horowitz. Adaptation : Jean-Loup Dabadie. Mise en scène : Jacques Rosny. En tournée d'été en 1993 et reprise au Théâtre Marigny.

1995 *Le Voyage.* Auteur : Gérald Aubert. Mise en scène : Michel Fagadau, assisté de Franck Seigneuric. Comédie des Champs-Élysées.

1996-1997 *Colombe.* Auteur : Jean Anouilh. Mise en scène : Michel Fagadau. Comédie des Champs-Élysées. En tournée.

1997-1998 *Ma petite fille, mon amour.* Auteur : Jean-Claude Süssfeld. Mise en scène : Yves Le Moign'. Théâtre Montansier de Versailles.

Télévision

Téléfilms

1953 *Le Village des miracles* (René Lucot).
1962 *Le Théâtre de la jeunesse : L'Auberge de l'ange gardien* (Marcel Cravenne).
1962 *L'Avare* (Louis Verlant, Belg.).
1967 *Hélène ou la Joie de vivre* (Claude Barma).
1969 *Le Huguenot récalcitrant* (Jean L'Hôte).
1972 *L'Effet Glapion* (Georges Vitaly).
1974 *Josse* (Guy Jorré).
1976 *Milady* (François Leterrier).
1977 *La Vigne à Saint-Romain* (Roger Pradinas).
1978 *Ciné-Roman* (Serge Moati).
1978 *Pierrot mon ami* (François Leterrier).
1978 *Talou, prince secret* (Jean-Louis Roy).
1978 *Le Roi Muguet* (Guy Jorré).
1978 *Les Insulaires* (Gilles Grangier).
1979 *Vincendon* (Franck Apprederis).
1980 *Les Aiguilleurs* (Raoul Sangla).

1981 *Solde de tous comptes* (Jean Chapot).
1981 *Un fait d'hiver* (Jean Chapot).
1981 *Pardonnez-nous nos enfances* (Fabrice Maze).
1982 *Le Fou du viaduc* (Guy Jorré).
1982 *Les Longuelunes* (Jean-Daniel Verhaeghe).
1982 *Les Insomnies de Monsieur Plude* (Jean Dasque).
1982 *Le Pigeonnier* (Guy Jorré).
1982 *Chêne et Lapins angoras* (Georges Wilson).
1983 *Le Gardien* (Yves-André Hubert).
1984 *Voglia di volare/Ma fille, mes femmes et moi/On cherche Papa* (Pier Giuseppe Murgia, It./Fr.).
1984 *Le Soleil des autres* (Guy Jorré).
1984 *Le Passage* (Franck Apprederis).
1984 *Les Magiciens du mercredi* (Freddy Charles).
1985 *Espionne et tais-toi* (épisodes *Soupe à l'oseille* et *Les Vacances du pouvoir*, Claude Boissol).
1985 *Une femme innocente* (Pierre Boutron).
1987 *L'Ami Giono : Joffroi de la Maussan* (Marcel Bluwal).
1989 *Condorcet, ABC* (Michel Soutter).
1990 *Stirn et Stern* (Peter Kassovitz).
1990 *Les Bottes de sept lieues* (Hervé Baslé).
1992 *Le Galopin* (Serge Korber).
2000 *Jeanne, Marie et les autres* (Jacques Renard).
2000 *Le Vieil Ours et l'Enfant* (Maurice Bunio).

Feuilletons et séries télévisées

1966 *Salle n° 8* (Jean Dewever et Robert Guez).

1967 *Lagardère* (Jean-Pierre Decourt).

1979 *Fantômas* (quatre épisodes : *L'Échafaud magique*, Claude Chabrol ; *L'Étreinte du diable*, Juan Luis Buñuel ; *Le mort qui tue*, Juan Luis Buñuel ; *Le Tramway fantôme*, Claude Chabrol).

1984 *Les Deux Témoins* (Michel Farin).

1984 *Sogni e Bisogni* (Sergio Citti, It.).

1987 *Chahut-Bahut* (Jean Sagols).

1987 *Le Vent des moissons* (Jean Sagols).

1989 *Orages d'été* (Jean Sagols).

Prix

1969 Trophée Dussane pour *Le Gardien*.

1978 César du Meilleur Acteur dans un second rôle pour *Le Crabe-Tambour*.

1981 César du Meilleur Acteur dans un second rôle pour *Un Mauvais Fils*.

1988 7 d'Or du Meilleur Acteur pour *Une Femme innocente*.

1988 Molière du Meilleur Comédien pour *Je ne suis pas Rappaport*.

1990 Prix Plaisir du Théâtre pour *Je ne suis pas Rappaport*.

2000 Prix d'interprétation masculine au Festival de San Sebastian pour *C'est quoi la vie ?*

Table

Du même auteur :

La Route de Compostelle, Éditions de La Table ronde, 1977.

Composition réalisée par INTERLIGNE

Imprimé en France sur Presse Offset par

BRODARD & TAUPIN

GROUPE CPI

La Flèche (Sarthe).
N° d'imprimeur : 32435 – Dépôt légal Éditeur : 63981-11/2005
Édition 01
LIBRAIRIE GÉNÉRALE FRANÇAISE – 31, rue de Fleurus – 75278 Paris cedex 06.

ISBN : 2 - 253 - 11121 - X 31/1121/8